"No centro do debate entre criacionistas e evolucionistas está a interpretação dos primeiros capítulos do livro de Gênesis, onde encontramos a narrativa da criação. Visto pelos primeiros como registro fiel do que aconteceu no princípio, e como mito e fábula pelos segundos, Gênesis 1-2 continua a nos desafiar o entendimento, a inteligência e a capacidade de integrá-lo com as reivindicações da ciência. Ninguém melhor que professor Adauto para nos guiar nesta aventura, onde temas cruciais para nossa existência são tratados com rigor científico e compromisso bíblico."

AUGUSTUS NICODEMUS LOPES, Doutor em Interpretação Bíblica (Westminster Theological Seminary, EUA). Pastor presbiteriano, professor, preletor e autor.

"A questão das origens permanece sendo um dos pontos de atrito entre teólogos e cientistas, e uma desculpa pronta e fácil para muita gente decidir ignorar o que Deus diz sobre a nossa condição humana e nosso futuro. Quem deseja pensar sobre o assunto, independente de seu ponto de partida, tem agora uma nova ferramenta para utilizar. Adauto Lourenço, que já nos havia oferecido o valioso "Como Tudo Começou", em que parte da ciência em direção à origem do universo e do homem, agora nos oferece "Gênesis 1 & 2: A Mão de Deus na Criação", onde parte das Escrituras em busca de respostas às inquietantes perguntas que surgem do início de tudo. Quer você concorde ou não com ele, não poderá esquivar-se de seus argumentos. Examinar com espírito aberto é a marca de um leitor honesto. E se você está em busca de respostas francas, este é um livro que não deixará de oferecê-las. Abra e enriqueça sua mente com esta leitura."

CARLOS OSVALDO CARDOSO PINTO (1950-2014), foi Ph.D. em Exposição e Th.M. em Teologia do Antigo Testamento (Dallas Theological Seminary, EUA). Foi professor,

"Esta obra é uma pérola de rara beleza, um estudo ̶ ̶ ̶ ̶ e ao mesmo tempo ao alcance de todos os leitores. Traz informação e produz transformação. Ilumina a mente e aquece o coração, descortina-nos os mistérios da ciência ao mesmo tempo que nos leva de volta às Escrituras."

HERNANDES DIAS LOPES, Doutor em Ministério (Reformed Theological Seminary, EUA). Pastor presbiteriano, preletor e autor.

"Desde que comecei a estudar teologia, há quase três décadas, o debate Criação x Evolução sempre exerceu sobre mim uma forte atração. Lembro-me de ter lido vários livros sobre o assunto, geralmente de autores estrangeiros. De lá para cá, porém, a defesa das origens do universo a partir da perspectiva bíblica "evoluiu" muito com o trabalho do professor Adauto Lourenço. Este livro é prova disso. Atual, claro, relevante e necessário são palavras que servem para descrevê-lo. De fato, nesta obra o professor Adauto cativa o leitor com informações muito interessantes, esclarece argumentos científicos complexos através de ilustrações fáceis e criativas. além de ensinar preciosas e edificantes verdades teológicas. Com certeza, na obra "Gênesis 1 & 2: A Mão de Deus na Criação", o leitor tem nas mãos o que há de melhor em matéria de apologética criacionista. Recomendo efusivamente a sua leitura."

MARCOS GRANCONATO, Mestre em História Eclesiástica
(Centro Presbiteriano de Pós-Graduação Andrew Jumper).
Pastor da Igreja Batista Redenção, São Paulo, SP

"A leitura e interpretação dos primeiros capítulos de Gênesis têm sido fortemente influenciadas por uma visão unilateral propagada por parte da comunidade científica de orientação evolucionista, qualificando o texto bíblico como mero relato mitológico. Lamentavelmente, no âmbito do próprio cristianismo, teólogos de posicionamento liberal têm acolhido de braços abertos tal abordagem; outros nem tão liberais, acomodam-se em ajustes entre a leitura literal e simbólica. Professor Adauto Lourenço nos convida nesta leitura a considerar que o texto bíblico nos relata o que de fato aconteceu. Sua análise reflete competente erudição acadêmica e reverência a autoridade das Escrituras, assim como se inclina e nos convida a nos inclinarmos diante do poder do Deus Criador que tem surpreendido os sábios através do tempos e que certamente continuará a surpreender. Minha expectativa é que esta leitura fortaleça ou talvez restaure a sua confiança na historicidade e autoridade das Escrituras."

ROBSON HERNANDEZ DE OLIVEIRA, Mestre em Missiologia
(Trinity International University, EUA).
Pastor da Igreja Menonita Nova Aliança, Curitiba, PR

ADAUTO LOURENÇO

GÊNESIS 1 & 2

A MÃO DE DEUS NA CRIAÇÃO

FIEL
Editora

Dados Internacionais de Catalogação na Publicação (CIP)
(Câmara Brasileira do Livro, SP, Brasil)

Lourenço, Adauto José Boiança
  Gênesis 1 & 2 : a mão de Deus na criação / Adauto José Boiança Lourenço. -- São José dos Campos, SP : Editora Fiel, 2011.

ISBN 978-85-8132-007-6

1. Bíblia A.T. Gênesis I-II - Comentários
2. Criação - Ensinamento bíblico I. Título.

11-13000   CDD-231.765

Índices para catálogo sistemático:
1. Criacionismo : Ensinamento bíblico : Doutrina cristã 231.765

Gênesis 1 e 2 - A Mão de Deus na Criação
por Adauto J. B. Lourenço
Copyright © 2011 por Adauto J. B. Lourenço

∎

Publicado em português por Editora Fiel
Copyright © 2011 Editora Fiel

Primeira Edição em Português: 2011

∎

Todos os direitos em língua portuguesa reservados por Editora Fiel da Missão Evangélica Literária

Todas as citações bíblica são da Nova Versão Internacional (NVI) a menos que identificada no próprio texto.

PROIBIDA A REPRODUÇÃO DESTE LIVRO POR QUAISQUER MEIOS, SEM A PERMISSÃO ESCRITA DOS EDITORES, SALVO EM BREVES CITAÇÕES, COM INDICAÇÃO DA FONTE.

∎

Diretor: Tiago J. Santos Filho
Editor-chefe: Vinicius Musselman
Editor: Tiago J. Santos Filho.
Revisão: Márcia Gomes.
Capa: Rubner Durais.
Diagramação: Edvânio Silva
ISBN: 978-85-8132-007-6

FIEL Editora
Caixa Postal, 1601
CEP 12230-971
São José dos Campos-SP
PABX.: (12) 3919-9999
www.editorafiel.com.br

Um livro nada mais é que um resultado.
Um resultado de coisas que vieram antes.
Um resultado que foi produzido não apenas
por quem escreveu, mas por todos os que
participaram do processo, direta ou indiretamente.

Quero expressar primeiramente a minha gratidão
à minha esposa Sueli, à Quézia e ao Rodrigo,
à Joyce e ao Osni, e à Sarah. Todos vocês têm
sido uma grande motivação para mim.

Deus graciosamente também usou e tem usado
muitas pessoas ao longo da minha vida, investindo
e influenciando. Os preciosos frutos que as suas
vidas continuam a produzir são, e serão sempre, um
testemunho da grandeza da graça e da bondade do
Senhor Deus.

Dentre tantos, eu gostaria de agradecer a três casais:
Richard e Pearl Denham (Ricardo e Pérola),
Roger e Gwendolen (Gwen) Kirk
John (Jay) e Ruth Younts.

DEDICADO

a todos os que com fidelidade,
inteligência, boa vontade, perseverança e sem
comprometer a verdade,
têm ensinado e alicerçado pessoas
nas verdades eternas
das Sagradas Escrituras.

SUMÁRIO

Introdução 13
Texto de Gênesis - Capítulos 1 e 2............................ 17
Capítulo I - A Bíblia e a História............................ 23
Capítulo II - Gênesis e a História............................ 41
Capítulo III - Gênesis e a Ciência............................ 51
Capítulo IV - Gênesis e a Teoria da Evolução.................. 63
Capítulo V - Gênesis 1.1 - O Início 75
Capítulo VI - Gênesis 1.2 – Interpretações 87
Capítulo VII - Gênesis 1 e 2 – Duas Criações? 97
Capítulo VIII - A Duração dos Dias de Gênesis................ 109
Capítulo IX - A Divisão dos Dias de Gênesis 121
Capítulo X - A Criação dos Corpos Celestes 139
Capítulo XI - A Criação das Plantas 153
Capítulo XII - A Criação dos Animais 167
Capítulo XIII - A Criação do Ser Humano 183
Conclusão 211
Apêndices 219

"ORA, ESTES (DE BERÉIA) FORAM MAIS NOBRES DO QUE OS QUE ESTAVAM EM TESSALÔNICA, PORQUE DE BOM GRADO RECEBERAM A PALAVRA, EXAMINANDO CADA DIA NAS ESCRITURAS SE ESTAS COISAS ERAM ASSIM."

ATOS 17.11

INTRODUÇÃO

Sendo um estudante do Livro das Palavras de Deus, as Escrituras Sagradas, e do Livro das Obras de Deus, a Natureza, tenho percebido quantas vezes pessoas ficam confusas quando tentam estudá-los simultaneamente.

A dificuldade propriamente dita não se encontra nesses Livros, mas na maneira pressuposicional que eles são lidos, estudados e comparados.

Quando estudamos a Natureza e vemos a perfeição da asa de uma ave, não vemos nenhuma incompatibilidade com as palavras do Salmo 104.24 – "Quantas são as tuas obras, Senhor! Fizeste todas elas com sabedoria! A terra está cheia de seres que criaste". O projeto de engenharia, e o *design* inteligente ali encontrados, demonstram uma sabedoria muito além daquela que percebemos nos mais inteligentes seres humanos: uma sabedoria que transcende a nossa!

Até aqui não existe incompatibilidade nenhuma.

Mas desse ponto em diante nós questionamos a informação científica que recebemos durante quase toda a nossa vida. A nossa mente começa a raciocinar dentro do plano de referência evolucionista. E tudo aquilo que por um pequeno momento parecia ser tão óbvio, fica novamente confuso, nublado e obscuro.

Afinal, não seriam todas as coisas fruto do acaso, como "afirma" o conhecimento científico atual?

Seria possível que a afirmação encontrada nos primeiros capítulos de Gênesis – que todas as coisas foram criadas como parte de um projeto executado minuciosamente, com todo o rigor e perfeição – seja verdadeira?

Não seria uma pura demonstração de ignorância científica aceitar uma proposta como essa? Não seria possível harmonizar a ideia de um Criador e uma criação com a proposta de uma geração espontânea e uma evolução por meio de causas aleatórias e naturais?

Essa harmonização tem sido a tentativa de um número muito grande de pessoas, tanto teólogos quanto cientistas; sem contar todos os que desejam expressar a sua opinião pessoal sobre essa proposta.

O fato é que o relato da criação encontrado nos dois primeiros capítulos de Gênesis é constantemente atacado, tanto por teólogos liberais quanto por pensadores que não acreditam na literalidade desses capítulos. Eles também são os dois capítulos menos esclarecidos dentro do contexto cristão e os mais confrontados pela chamada ciência moderna.

Nos dias atuais, alguém que os considere literais, geralmente, não é levado a sério.

Mas por que não?

Seria porque esses primeiros capítulos de Gênesis apresentam algum erro teológico? Ou algum erro científico? Ou seria porque neles existe alguma lógica falsa? Ou não saberia o autor o que estava escrevendo? Ou esses dois capítulos não seriam inspirados por Deus e, portanto, não deveriam fazer parte da Bíblia?

Podemos afirmar que a resposta para cada uma dessas perguntas é um "não" enfático!

Existem verdades teológicas e científicas em cada um desses dois capítulos.

Podemos ainda afirmar que eles constituem um referencial preciso para a compreensão correta de todas as verdades bíblicas e científicas: a existência de um único Deus verdadeiro, Criador de tudo o que existe; a origem da natureza, criada com grande sabedoria, perfeição, e harmonia por esse Deus Criador; a origem do ser humano, o qual foi criado perfeito, dentro de um contexto perfeito, em perfeita harmonia com o mundo perfeito que existia ao seu redor (sendo ambos regidos por leis perfeitas e processos naturais perfeitos), com a finalidade de ter um relacionamento perfeito com o seu Criador, baseado em códigos de conduta perfeitos e leis perfeitas por ele estabelecidas.

Nada disso parece fazer sentido quando examinado com as lentes da chamada ciência moderna.

Não se assuste com isso!

Vivemos num mundo cheio de mitos. E eles estão em toda parte, até mesmo dentro da ciência!

Portanto, continue a leitura com a atitude dos Bereianos que "de bom grado receberam a palavra, examinando cada dia nas Escrituras se estas coisas eram assim."

Creio que, como eu, você também descobrirá que a verdade está sempre diante dos nossos olhos... Mas devido à informação que recebemos, ela nem sempre parece real.

Não se assuste com isso também. Como disse Lord Byron (George Gordon Byron) de forma tão apropriada e precisa para os nossos dias:

"A verdade é sempre estranha,
mais estranha que a ficção."

ADAUTO J. B. LOURENÇO
Limeira, 28 de Agosto de 2011

GÊNESIS

CAPÍTULO 1

¹No princípio Deus criou os céus e a terra. ²Era a terra sem forma e vazia; trevas cobriam a face do abismo, e o Espírito de Deus se movia sobre a face das águas.

³Disse Deus: "Haja luz", e houve luz. ⁴Deus viu que a luz era boa, e separou a luz das trevas. ⁵Deus chamou à luz dia, e às trevas chamou noite. Passaram-se a tarde e a manhã; esse foi o primeiro dia.

⁶Depois disse Deus: "Haja entre as águas um firmamento que separe águas de águas". ⁷Então Deus fez o firmamento e separou as águas que estavam embaixo do firmamento das que estavam por cima. E assim foi. ⁸Ao firmamento Deus chamou céu. Passaram-se a tarde e a manhã; esse foi o segundo dia.

⁹E disse Deus: "Ajuntem-se num só lugar as águas que estão debaixo do céu, e apareça a parte seca". E assim foi. ¹⁰À parte seca Deus chamou terra, e chamou mares ao conjunto das águas. E Deus viu que ficou bom. ¹¹Então disse Deus: "Cubra-se a terra de vegetação: plantas que dêem sementes e árvores cujos frutos produzam sementes de acordo com as suas espécies". E assim foi. ¹²A terra fez brotar a vegetação: plantas que dão sementes de acordo com as suas espécies, e árvores cujos frutos produzem sementes de acordo com as suas espécies. E Deus viu que ficou bom. ¹³Passaram-se a tarde e a manhã; esse foi o terceiro dia.

¹⁴Disse Deus: "Haja luminares no firmamento do céu para separar o dia da noite. Sirvam eles de sinais para marcar estações, dias e anos, ¹⁵e sirvam de luminares no firmamento do céu

para iluminar a terra". E assim foi. [16]Deus fez os dois grandes luminares: o maior para governar o dia e o menor para governar a noite; fez também as estrelas. [17]Deus os colocou no firmamento do céu para iluminar a terra, [18]governar o dia e a noite, e separar a luz das trevas. E Deus viu que ficou bom. [19]Passaram-se a tarde e a manhã; esse foi o quarto dia.

[20]Disse também Deus: "Encham-se as águas de seres vivos, e sobre a terra voem aves sob o firmamento do céu". [21]Assim Deus criou os grandes animais aquáticos e os demais seres vivos que povoam as águas, de acordo com as suas espécies; e todas as aves, de acordo com as suas espécies. E Deus viu que ficou bom. [22]Então Deus os abençoou, dizendo: "Sejam férteis e multipliquem-se! Encham as águas dos mares! E multipliquem-se as aves na terra". [23]Passaram-se a tarde e a manhã; esse foi o quinto dia.

[24]E disse Deus: "Produza a terra seres vivos de acordo com as suas espécies: rebanhos domésticos, animais selvagens e os demais seres vivos da terra, cada um de acordo com a sua espécie". E assim foi. [25]Deus fez os animais selvagens de acordo com as suas espécies, os rebanhos domésticos de acordo com as suas espécies, e os demais seres vivos da terra de acordo com as suas espécies. E Deus viu que ficou bom. [26]Então disse Deus: "Façamos o homem à nossa imagem, conforme a nossa semelhança. Domine ele sobre os peixes do mar, sobre as aves do céu, sobre os animais grandes de toda a terra e sobre todos os pequenos animais que se movem rente ao chão". [27]Criou Deus o homem à sua imagem, à imagem de Deus o criou; homem e mulher os criou. [28]Deus os abençoou, e lhes disse: "Sejam férteis e multipliquem-se! Encham e subjuguem a terra! Dominem sobre os peixes do mar, sobre as aves do céu e sobre todos os animais que se movem pela terra". [29]Disse Deus: "Eis que lhes dou todas as plantas que nascem em toda a terra e produzem sementes, e todas as árvores que dão frutos com sementes. Elas servirão de alimento para vocês. [30]E dou todos os vegetais como alimento a tudo o que tem em si fôlego de vida: a todos os grandes animais da terra, a

todas as aves do céu e a todas as criaturas que se movem rente ao chão". E assim foi. ³¹E Deus viu tudo o que havia feito, e tudo havia ficado muito bom. Passaram-se a tarde e a manhã; esse foi o sexto dia.

CAPÍTULO 2

¹Assim foram concluídos os céus e a terra, e tudo o que neles há. ²No sétimo dia Deus já havia concluído a obra que realizara, e nesse dia descansou. ³Abençoou Deus o sétimo dia e o santificou, porque nele descansou de toda a obra que realizara na criação.

⁴Esta é a história das origens dos céus e da terra, no tempo em que foram criados: Quando o Senhor Deus fez a terra e os céus, ⁵ainda não tinha brotado nenhum arbusto no campo, e nenhuma planta havia germinado, porque o Senhor Deus ainda não tinha feito chover sobre a terra, e também não havia homem para cultivar o solo. ⁶Todavia brotava água da terra e irrigava toda a superfície do solo. ⁷Então o Senhor Deus formou o homem do pó da terra e soprou em suas narinas o fôlego de vida, e o homem se tornou um ser vivente. ⁸Ora, o Senhor Deus tinha plantado um jardim no Éden, para os lados do leste; e ali colocou o homem que formara. ⁹O Senhor Deus fez nascer então do solo todo tipo de árvores agradáveis aos olhos e boas para alimento. E no meio do jardim estavam a árvore da vida e a árvore do conhecimento do bem e do mal.

¹⁰No Éden nascia um rio que irrigava o jardim, e depois se dividia em quatro. ¹¹O nome do primeiro é Pisom. Ele percorre toda a terra de Havilá, onde existe ouro. ¹²O ouro daquela terra é excelente; lá também existem o bdélio e a pedra de ônix. ¹³O segundo, que percorre toda a terra de Cuxe, é o Giom. ¹⁴O terceiro, que corre pelo lado leste da Assíria, é o Tigre. E o quarto rio é o Eufrates.

¹⁵O Senhor Deus colocou o homem no jardim do Éden para cuidar dele e cultivá-lo. ¹⁶E o Senhor Deus ordenou ao homem:

"Coma livremente de qualquer árvore do jardim, [17]mas não coma da árvore do conhecimento do bem e do mal, porque no dia em que dela comer, certamente você morrerá".

[18]Então o Senhor Deus declarou: "Não é bom que o homem esteja só; farei para ele alguém que o auxilie e lhe corresponda". [19]Depois que formou da terra todos os animais do campo e todas as aves do céu, o Senhor Deus os trouxe ao homem para ver como este lhes chamaria; e o nome que o homem desse a cada ser vivo, esse seria o seu nome. [20]Assim o homem deu nomes a todos os rebanhos domésticos, às aves do céu e a todos os animais selvagens. Todavia não se encontrou para o homem alguém que o auxiliasse e lhe correspondesse.

[21]Então o Senhor Deus fez o homem cair em profundo sono e, enquanto este dormia, tirou-lhe uma das costelas, fechando o lugar com carne. [22]Com a costela que havia tirado do homem, o Senhor Deus fez uma mulher e a trouxe a ele. [23]Disse então o homem: "Esta, sim, é osso dos meus ossos e carne da minha carne! Ela será chamada mulher, porque do homem foi tirada".[24]Por essa razão, o homem deixará pai e mãe e se unirá à sua mulher, e eles se tornarão uma só carne. [25]O homem e sua mulher viviam nus, e não sentiam vergonha.

"LEMBREM-SE DAS COISAS
PASSADAS, DAS COISAS
MUITO ANTIGAS!
EU SOU DEUS,
E NÃO HÁ NENHUM
OUTRO;
EU SOU DEUS,
E NÃO HÁ NENHUM
COMO EU.
DESDE O INÍCIO FAÇO
CONHECIDO O FIM,
DESDE TEMPOS REMOTOS,
O QUE AINDA VIRÁ."

ISAÍAS 46.9-10

CAPÍTULO I

A BÍBLIA E A HISTÓRIA

A Bíblia é um livro baseado em relatos históricos. Ela possui também analogias, parábolas e figuras de linguagem, contudo, o seu conteúdo é voltado para a história: a história do universo, do planeta Terra, dos grandes impérios, das civilizações, do povo judeu, do ser humano.

Sua mensagem histórica é relevante não somente pelo conteúdo preciso e altamente didático, mas pela relevância do seu autor: o Deus que não pode mentir.

A história nela escrita é autêntica e verdadeira, não possuindo o menor traço de distorção. O que foi relatado na Bíblia é exatamente o que aconteceu.

Tais afirmações soam estranhas para a maioria das pessoas do Século XXI, principalmente pela credibilidade que é dada ao conteúdo histórico encontrado nos livros.

A reconstrução da história humana, que conhecemos através da literatura, nada mais é que uma somatória de interpretações, que procura ter a menor possibilidade de contradições à medida que é apresentada numa linha contínua de tempo.

Essas interpretações baseiam-se em descobertas feitas por pesquisadores, classificadas como: achados arqueológicos, achados paleontológicos, descobertas geológicas, e registros feitos por pessoas que presenciaram os eventos descritos ou que receberam a informação por meio de outras fontes.

Para melhor compreensão, esclareceremos cada um desses tipos de descobertas.

A arqueologia nos auxilia a conhecer as civilizações que viveram no passado.

Muitas descobertas foram feitas sobre essas culturas, seus hábitos, suas linguagens, suas escritas, assim como detalhes de eventos históricos de cada uma delas.

Uma descoberta importante da arqueologia foi a Pedra de Rosetta, traduzida por Jean-François Champollion em 1822. Essa estela (pedra com inscrições) foi produzida pelos sacerdotes de Mênfis, no Egito, no ano 196 a.C., como um decreto homenageando o rei Ptolomeu V Epifanes, que reinou o Egito entre 204–181 a.C. Ela ocupa uma posição fundamental na compreensão e interpretação tanto da escrita quanto da cultura egípcia.

A paleontologia nos auxilia a conhecer a vida que existiu no planeta Terra no passado.

Dentre as descobertas feitas pela paleontologia temos os fósseis vivos de plantas e animais que viveram no passado e cujos descendentes existem ainda hoje no nosso planeta. Esses fósseis nos mostram que a evolução não teria ocorrido, pois as formas de vida atuais são iguais às encontradas fossilizadas. Portanto, elas não sofreram mudanças ao longo do tempo. Encontramos fósseis de javalis, hienas, tigres, elefantes, antílopes e de muitos outros animais iguais aos atuais.

A geologia nos ajuda a conhecer como foi o planeta Terra no passado.

Nas descobertas feitas pela geologia encontramos evidências relacionadas às catástrofes que o planeta Terra já experimentou. Essas evidências são marcas que foram deixadas na crosta terrestre, resultantes de erupções vulcânicas, terremotos, *tsunamis*, impactos de meteoritos, inundações e mudanças climáticas.

Os registros históricos feitos por meio de cartas e documentos de povos do passado, permanecem guardados em museus e bibliotecas como evidências de eventos, realizações, guerras, conquistas e tratados que ocorreram.

Todas essas descobertas contém informações relacionadas ao passado.

Mas para que a história seja estabelecida, todas elas

precisam ser agrupadas de tal maneira que os eventos históricos nelas contidos possam aparecer corretamente numa linha contínua de tempo.

A Bíblia Não Interpreta a História

Assim, a história que temos nada mais é que a narração criada pela percepção daqueles que interpretaram essas descobertas.

Independentemente de cada descoberta avaliada, nenhum historiador esteve presente quando o evento aconteceu. E mesmo que estivesse presente, o que ele escreveria seria apenas uma interpretação baseada no seu ponto de vista e na sua percepção.

Portanto, tudo o que é apresentado como história, nada mais é que uma interpretação. Essa interpretação talvez esteja correta ou talvez não.

Já a história relatada pela Bíblia é diferente. Ela não está limitada a capacidade dos autores bíblicos, nem à sua percepção da realidade. O relato histórico da Bíblia originou-se integralmente no Deus que esteve presente em cada momento da história, o qual nunca esteve preso ao espaço ou mesmo ao tempo, ou ainda a uma visão pessoal limitada da realidade associada aos eventos. A Sua visão de cada evento sempre foi completa, perfeita e sem a menor distorção.

Nesse aspecto, a Bíblia é única, sendo totalmente diferente de todos os demais livros históricos.

A Bíblia Descreve a História

Toda descrição, seja de um fato, evento, situação, ou até mesmo de um objeto, sempre dependerá da capacidade daquele que faz a descrição.

Não é difícil perceber que quanto maior a limitação da capacidade daquele que faz a descrição, menor será a perfeição e a precisão final da descrição.

Mas se a capacidade daquele que faz a exposição for

ilimitada, a descrição feita será perfeita e precisa. É justamente esse o caso da Bíblia.

Deus não possui nenhuma limitação, nem mesmo na utilização de instrumentos humanos falíveis, para colocar em forma escrita os seus pensamentos.

Ele esteve presente, pessoalmente, em cada evento descrito, podendo observá-los do melhor ponto de vista disponível, vendo-os no contexto de todos os demais eventos que ocorriam simultaneamente ao redor do mundo, sem nenhuma distorção que comprometesse a fidelidade da descrição feita.

Sua capacidade ao descrever um evento específico baseava-se no seu conhecimento prévio de todos os demais eventos relacionados a esse em particular, tanto quanto às suas consequências futuras.

Portanto a Bíblia oferece a verdadeira história. Tudo o que ela relata ocorreu no tempo e no espaço: numa hora específica, de um dia específico, de um mês específico, de um ano específico, num lugar específico.

A Historicidade da Bíblia

O médico e historiador Lucas escreveu de forma muito detalhada (locais, datas e nomes de pessoas) os eventos relacionados a história da primeira vinda de Cristo (evangelho de Lucas), bem como sobre o início da Igreja (livro de Atos).

As primeiras linhas do evangelho escrito por ele demonstram o rigor técnico que ele utilizou para produzir uma obra digna de confiança.

> Muitos já se dedicaram a elaborar um relato dos fatos que se cumpriram entre nós, conforme nos foram transmitidos por aqueles que desde o início foram testemunhas oculares e servos da palavra. Eu mesmo investiguei tudo cuidadosamente, desde o começo, e decidi escrever-te um

relato ordenado, ó excelentíssimo Teófilo, para que tenhas a certeza das coisas que te foram ensinadas. (Lc 1.1-4)

O que Lucas fez é exatamente o mesmo que todo historiador atual faz. A diferença entre o que Lucas escreveu e o que os historiadores têm escrito é que ele escreveu sob a orientação do Espírito Santo de Deus. (2 Tm 3.16-17; 2 Pe 1.20-21)

É verdade que, dentro dos relatos históricos registrados na Bíblia, encontram-se eventos miraculosos – como a passagem pelo Mar Vermelho, a ressurreição de Cristo e muitos outros. Embora esses relatos possam oferecer um questionamento científico, tal questionamento, por si só, não é suficiente para colocar em dúvida a veracidade da história relatada pela Bíblia.

Também é verdade que a Bíblia trata de relatos históricos considerados futuros, dentro da perspectiva de tempo em que eles foram escritos. Esses relatos são considerados proféticos.

No entanto, existem centenas de profecias bíblicas que já se realizaram. Todas elas testificam a favor da veracidade histórica bíblica.

A profecia de Isaías 45.1 é um exemplo extremamente relevante da autoridade histórica das Escrituras Sagradas, mesmo quando ela trata da história futura. O texto, escrito por Isaías por volta do ano 680 a.C., fala do aparecimento de Ciro, que unificaria os Medos e os Persas, conquistaria Babilônia e libertaria o povo de Israel do cativeiro babilônico. O decreto de Ciro libertando o povo de Israel foi promulgado no ano 538 a.C., cerca de 140 anos após a profecia de Isaías. É importante notar que o nome específico de quem promulgaria o decreto foi mencionado.

Não existe uma razão científica, seja ela empírica, lógica ou proposicional, pela qual a historicidade bíblica deva ser questionada. A quantidade de citações históricas – civilizações, povos, lugares, situações, contextos e personagens citados pela Bíblia – que se encontram amplamente documentados pelos historiadores atuais, atestam claramente para a credibilidade do registro histórico bíblico. O número de 100% de acerto no cumprimento das suas profecias a torna única e completamente incomparável.

A Bíblia é um livro historicamente correto, preciso, superiormente consistente e coerente.

A Bíblia e as Citações Históricas

A Bíblia não aborda o desenvolvimento histórico de todos os povos. Ela concentra-se mais com Israel.

No entanto ela trata com grande clareza e precisão da origem de todos os povos até o ponto do estabelecimento de cada um deles na superfície da Terra (Gn 10 e 11). A Bíblia também trata dos grandes impérios que a humanidade conheceu, como o hitita, egípcio, assírio, babilônico, medo-persa, grego e romano.

A Bíblia não abrange, no seu relato, todas as possibilidades históricas de todos os povos. No entanto, ela é totalmente completa e imparcial no seu tema central, desenvolvido em suas páginas.

Os eventos descritos na Bíblia ocorreram em lugares geográficos específicos, em épocas específicas, e podem ser verificados pela arqueologia, geografia, geologia, astronomia e linguística.

Muitos lugares são conhecidos, tanto pelos seus nomes originais quanto pelos atuais. Muitos povos e civilizações são conhecidos na história moderna pelos mesmos nomes. Reis e líderes políticos citados na Bíblia são figuras encontradas nos livros de história. Muitos eventos foram relatados por outros povos em seus registros históricos.

A evidência da importância do registro histórico bíblico pode ser vista através de algumas descobertas importantes, baseadas exclusivamente no relato bíblico. Nesses casos, não havia nenhuma outra fonte de informação. Vejamos algumas.

A Bíblia fala do rio que nascia no jardim no Éden e que se dividia em quatro braços, formando assim quatro rios. Dois desses quatro rios continuam com os mesmos nomes: o rio Tigres e o

Eufrates (Gn 2.10-14).

Em 1996, a revista *Biblical Archaelogy Review* publicou um artigo por James A. Sauer, com o título "The River Runs Dry: Creation Story Preserves Historical Memory" ("O Rio Secou: Narrativa da Criação Preserva Memória Histórica").[1] Nesse artigo, a pesquisa do Dr. Farouk El-Baz da Universidade de Boston é citada. A descoberta, que também foi anunciada em outras mídias, foi a do Rio Kuwait (Wadi Al-Batim ou Rimah-Batim), que existiu entre 3.500 e 2.000 a.C., na região onde hoje é a Arábia Saudita. Esse antigo rio foi considerado pelos pesquisadores como sendo o Rio Pison, mencionado em Gênesis 2.

Algo que chamou a atenção dos pesquisadores foi a frase "Ele percorre a terra de Havilá, onde existe ouro. O ouro daquela terra é excelente..." Existe somente um lugar na Arábia onde o ouro continua sendo extraído desde os tempos antigos: a região de Mahd edh-Dhahab, conhecida como o "Berço do Ouro". Essa região fica cerca de 200 km de Medina, a cidade sagrada mais importante para os muçulmanos depois de Meca. Justamente por essa região passava o antigo rio Kuwait.

Antes das descobertas arqueológicas do Século XIX, as quais levaram à constatação da existência da civilização hitita, somente o Velho Testamento da Bíblia fazia menção a esse povo. Segundo o relato bíblico, o povo Heteu já existia desde a época de Abraão (Gn 23.3-18), até o rei Davi (1 Sm 26.6; 2 Sm 11.3-12.10), habitando numa área que cobria parte do oriente médio.

Em 1884, William Wright descobriu um monumento com a seguinte inscrição: "Povo de Hattusa". As ruínas da cidade de Hattusa foram escavadas em 1906, por Hugo Winckler, revelando a escrita cuneiforme utilizada por essa civilização (mais de 10.000 tabletes), seus instrumentos de guerra, seu estilo de vida e seu relacionamento com outros povos da antiguidade (como tratados com os egípcios).

---

1 James A. Sauer, "The River Runs Dry: Creation Story Preserves Historical Memory", *Biblical Archaeology Review*, July/August (1996), pp. 52, 55 e 64.

A importância e a relevância que a civilização hitita possuiu no passado, descritas pela Bíblia, são as mesmas encontradas pela arqueologia moderna. Antes dessa descoberta ter ocorrido, a proposta que prevalecia era tendenciosamente contra a Bíblia: "se os heteus verdadeiramente tivessem existido, nenhum dos seus reis poderia ser comparado a qualquer um dos reis de Judá."[2]

Muitas outras descobertas – incluindo detalhes arquitetônicos, localizações específicas, dimensões e nomes – encontradas ao longo do registro histórico bíblico, são amplamente documentadas como verdadeiras pela comunidade científica das áreas da arqueologia, geologia, geografia, paleontologia, astronomia e linguística.

É importante ressaltar aqui que o ensino bíblico é verdadeiro, coerente e preciso, não somente no seu conteúdo histórico, como em todas as demais áreas, a tal ponto de podermos afirmar que a ciência demorou milhares de anos para descobrir aquilo que a Bíblia já vinha ensinando há muito tempo.

Um exemplo foi o estudo feito pelo médico David I. Match, publicado pela *John Hopkins University School of Medicine*, que constatou que todos os animais descritos em Levítico 11 e Deuteronômio 14 como sendo impuros (não deveriam ser usados como alimento), foram considerados tóxicos para a saúde humana, e, todos os animais descritos como limpos (que poderiam ser usados como alimento), não ofereceriam nenhum potencial tóxico. A correlação encontrada foi de 100%![3]

A Bíblia é confiável por estar correta em todas as propostas que ela faz e não apenas em suas propostas teológicas, como pensam algumas pessoas.

---

2 Archibald Henry Sayce, *The Hittites: The Story of a Forgotten Empire*, Queen's College, Oxford, October 1888. Introdução.

3 David I. Macht, "An Experimental Pharmocological Appreciation of Leviticus XI and Deuteronomy XIV", *Bulletin of the History of Medicine*, Johns Hopkins University School of Medicine, 1953, Volume XXVII, N° 5, p. 444-450.

A Cronologia Bíblica

A Bíblia é um livro baseado em datas referentes à história humana.

Nela encontramos genealogias (como as de Gn 5 e 11) e datas específicas de eventos (como a construção do templo por Salomão em 1 Rs 6).

É possível assim construir uma cronologia bíblica.

Por exemplo, seguindo a cronologia encontrada na genealogia de Gênesis 5, podemos calcular o ano que o dilúvio ocorreu. Basta somar a idade que Noé tinha quando o dilúvio ocorreu, com a idade de nascimento do primeiro filho de todos os seus antepassados. A lista obedeceria o seguinte formato: Adão tinha 130 anos quando Sete nasceu. Portanto, toma-se 130 anos para Adão. Sete tinha 105 quando gerou a Enos. Portanto, toma-se 105 para Sete. E assim por diante.

Fazendo-se essa adição temos:

130 (Adão) + 105 (Sete) + 90 (Enos) + 70 (Cainã) + 65 (Maalaleel) + 162 (Jarede) + 65 (Enoque) + 187 (Matusalém) + 182 (Lameque) + 600 (Noé - ano do dilúvio) = 1.656 anos.

Portanto, o dilúvio correu no ano 1.656 da história humana, a partir do ano da criação de Adão.

Mas para que esses cálculos tenham algum valor, torna-se necessário assegurarmos que as idades descritas estão corretas. Segundo o relato de Gênesis 5, os seres humanos pré-diluvianos viviam entre 900 e 1.000 anos.

Seria possível, do ponto de vista da ciência, que essa longevidade fosse verdadeira?

A resposta é sim. Podemos explicar como isso seria possível. Para isso vamos avaliar duas áreas de interesse.

Nós, seres humanos, somos compostos por pequenas células. Células morrem. Mas antes de morrerem elas se duplicam, dando origem a novas células. Assim, a longevidade está ligada ao processo de duplicação celular.

Dentro do núcleo de cada célula existe o que chamamos de cromossomos, que são estruturas organizadas do DNA (ácido desoxirribonucleico). No DNA fica guardada a informação genética de cada organismo vivo. O ser humano, por exemplo, possui 23 pares de cromossomos: 23 foram herdados do pai e 23 da mãe.

Nas extremidades de cada cromossomo existe um telômero. Os telômeros são pequenas repetições de informação genética, sendo que a cada divisão celular, uma repetição é "deletada". Portanto, o número de repetições presentes num telômero determina quantas vezes uma célula poderá ser duplicada. Uma célula não se duplica mais quando o seu telômero já foi utilizado até o final.

Portanto, os telômeros são os responsáveis pelo processo de envelhecimento no nível celular e determinam um limite para a longevidade de um organismo.[4]

Sabemos assim que a longevidade de um organismo está diretamente relacionada com a estrutura dos telômeros.

Mas como explicar uma longevidade tão grande, como a encontrada em Gênesis? As células daqueles indivíduos não morriam?

Não podemos afirmar categoricamente que não morriam. No entanto, a ciência conhece mecanismos celulares que tornam as células praticamente imortais. Infelizmente os mecanismos conhecidos são utilizados por células cancerígenas que, basicamente, são células que "esqueceram" como morrer.[5]

O que queremos mostrar aqui é que existem mecanismos celulares, conhecidos pela ciência, que permitem uma grande longevidade das células, resultando assim uma grande longevidade dos organismos (por exemplo, seres humanos) formados por essas células.

---

4 Shampay,J., Szostak,J.W. and Blackburn,E.H. (1984) DNA sequences of telomeres maintained in yeast. *Nature*, 310, 154-157.

5 Robert G. Fenton and Dan L. Longo, *Harrison's Principles of Internal Medicine*, Ch. 69, "Cancer cell biology and angiogenesis", p. 454.

Um segundo ponto está na informação fornecida pelas genealogias de Gênesis 5 e 11. As idades ali descritas oferecem uma informação valiosa para verificação.

Uma análise matemática ajuda a ver um padrão muito interessante.

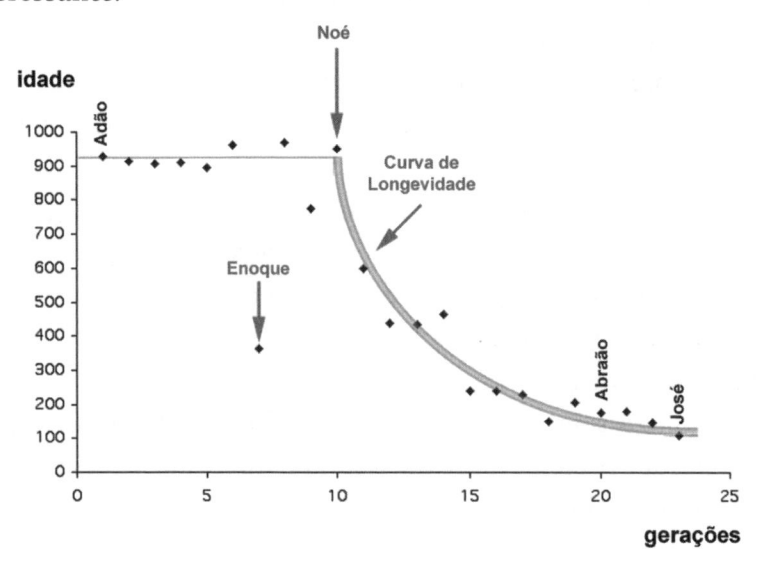

[Gráfico: idade (eixo y, 0 a 1000) vs. gerações (eixo x, 0 a 25). Mostra Adão próximo à geração 0 com idade ~930, Enoque na geração 7 com idade ~365, Noé na geração 10, Abraão próximo à geração 20, José próximo à geração 23. Curva de Longevidade decrescente após Noé.]

Observe o que acontece no gráfico entre Adão e Noé, e depois entre Noé e José. É óbvio que o gráfico está dividido em duas partes. Qual o significado dessas partes?

Qualquer matemático – mesmo um que não conhecesse absolutamente nada sobre a Bíblia – ao examinar esse gráfico perceberia que alguma coisa teria acontecido durante a vida desse "tal Noé" que teria afetado a longevidade dos seus descendentes.

O que procuramos demonstrar com isso é que a informação no gráfico é relevante.

Percebemos que de Adão até Noé a longevidade permaneceu praticamente a mesma. Isso é representado pela reta. Mas de Noé até José a longevidade diminuiu.

Precisamos analisar agora a informação contida na segunda parte do gráfico, entre Noé e José. Queremos saber se as idades relatadas seriam reais ou não.

Não vamos entrar nos detalhes matemáticos aqui, mas apenas queremos usar uma analogia como exemplo.

Imaginemos uma situação envolvendo uma doença contagiosa.

Vamos supor que temos um grupo de pessoas que sejam susceptíveis a um determinado vírus.

Vamos imaginar que desse grupo, algumas pessoas foram infectadas pelo vírus. Agora, imaginemos que todas as pessoas do grupo têm contato umas com as outras.

A primeira pergunta é: o que aconteceria com esse grupo ao longo do tempo? Todos seriam infectados pelo vírus.

A segunda pergunta é: como isso aconteceria ao longo do tempo? Os indivíduos desse grupo seriam gradativamente infectados pelo vírus.

Se fizéssemos um gráfico ilustrando o resultado da segunda pergunta – como os indivíduos seriam infectados gradativamente ao longo do tempo – ele seria praticamente idêntico com a segunda parte do nosso gráfico que vai de Noé até José.

O que isso significa? Que as idades registradas para todos os descendentes de Noé, desde o seu filho Sem até José, obedecem a um padrão muito conhecido pela matemática. Essas idades teriam de ser idades reais. Elas não poderiam ter sido escolhidas aleatoriamente.[6]

Vemos que, embora a longevidade descrita nos primeiros capítulos de Gênesis não seja a longevidade dos seres humanos atuais, não existe uma razão científica para que essas idades relatadas no livro de Gênesis não possam ser aceitas como verdadeiras.

Esse mesmo tipo de averiguação pode ser aplicado a todas as narrativas históricas feitas pela Bíblia. A riqueza de detalhes e a precisão descritiva eliminam qualquer possibilidade de erro,

---

6 Para os que têm apreciação pela matemática, principalmente estatística, procurem descobrir qual é o coeficiente de confiança da curva representada pela segunda parte do gráfico. A idade de cada indivíduo encontra-se no capítulo 11 de Gênesis.

tornando cada relato bíblico digno de confiança e de estudo.

No entanto, a Bíblia deixa claro que Deus possui duas maneiras específicas de datação.

Essa dualidade na datação, considerada por alguns como inconsistência, é utilizada para criticar a veracidade histórica da Bíblia.

Na verdade, elas expressam algo muito além do que uma imensa imaginação humana conseguiria produzir.

O exemplo principal é referente à data da construção do templo por Salomão. A pergunta é: Em que ano Salomão começou a construir o templo?

À primeira vista, a resposta parece ser bastante simples. Basta ler o texto de 1 Reis 6.1: "Quatrocentos e oitenta anos depois que os israelitas saíram do Egito, no quarto ano do reinado de Salomão em Israel, no mês de zive, o segundo mês, ele começou a construir o templo do Senhor."

Parece não haver a menor sombra de dúvida sobre a data do início da construção do templo por Salomão: 480 anos desde a saída do Egito.

Mas uma pequena avaliação histórica, desde a saída do povo do Egito até o início da construção do templo por Salomão, nos levaria à compreensão da seguinte ordem de eventos: período do povo no deserto + período dos juízes + período do reinado de Saul + período do reinado de Davi + três anos do reinado de Salomão (sendo que ele iniciou a construção no quarto ano do seu reinado, ele teria reinado por três anos inteiros).

Existe um texto no Novo Testamento que nos oferece todas essas datas. O texto é um relato da pregação de Paulo numa sinagoga da cidade de Antioquia, da Psídia:

> E suportou os seus costumes no deserto por espaço de quase quarenta anos. E, destruindo a sete nações na terra de Canaã, deu-lhes por sorte a terra deles. E, depois disto,

por quase quatrocentos e cinqüenta anos, lhes deu juízes, até ao profeta Samuel. E depois pediram um rei, e Deus lhes deu por quarenta anos, a Saul filho de Quis, homem da tribo de Benjamim. E, quando este foi retirado, levantou-lhes como rei a Davi, ao qual também deu testemunho, e disse: Achei a Davi, filho de Jessé, homem conforme o meu coração, que executará toda a minha vontade. (At 13.18-22 - JFARC)

Temos agora todas as datas, exceto a duração do reinado de Davi, que pode ser encontrada em 2 Sm 5.4, "Davi tinha trinta anos de idade quando começou a reinar, e reinou durante quarenta anos."

Fazendo uma pequena adição da duração de cada período temos:

período do povo no deserto:	40 anos (At 13.18)
período dos juízes:	450 anos (At 13.20)
período do reinado de Saul:	40 anos (At 13.21)
período do reinado de Davi:	40 anos (2 Sm 5.4)

Somando esses quatro períodos temos 570 anos. Basta adicionar a esse valor os três anos referentes ao tempo que Salomão já havia reinado antes de começar a construir o templo. Assim, o período de tempo completo, desde a saída do povo do Egito até o início da construção do templo, seria de 573 anos!

Agora, temos duas datas diferentes para o início da construção do templo: 480 anos, segundo o relato no livro de 1 Reis e, 573, segundo o relato em Atos.

É importante relembrar que, quem está dando o relato em Atos é o próprio apóstolo Paulo (verso 16).

Ele possuía todas as credenciais para falar, com autoridade, sobre esse assunto:

> Se alguém pensa que tem razões para confiar na carne, eu ainda mais: circuncidado no oitavo dia de vida, pertencente ao povo de Israel, à tribo de Benjamim, verdadeiro hebreu; quanto à Lei, fariseu; quanto ao zelo, perseguidor da igreja; quanto à justiça que há na Lei, irrepreensível. (Fp 3.4-6)

Paulo não errou no seu relato. Nem tão pouco o autor de 1 Reis errou no seu relato.

Você deve estar pensando: Existe uma diferença de 93 anos e você está me dizendo que ninguém errou?

Correto! Ninguém errou.

Deus revelou as duas maneiras diferentes pelas quais Ele conta o nosso tempo.

Vamos procurar responder uma segunda pergunta muito relevante dentro do contexto das Escrituras Sagradas: Desde a saída do Egito até o início da construção do templo, quantos anos os Israelitas serviram a Deus?

Talvez você esteja perguntando: O que isso tem a ver com a diferença?

A resposta é: Tudo!

No Salmo 90.12, Moisés pediu o seguinte ao Senhor: "Ensina-nos a contar os nossos dias para que o nosso coração alcance sabedoria."

Obviamente, Moisés não está pedindo por uma capacidade matemática para adicionar um dia após o outro para que soubesse quantos dias (ou anos) ele já tinha vivido.

Moisés queria que Deus o ensinasse a contar os dias de um modo diferente do convencional. Mas que modo seria esse?

O exemplo que estamos estudando esclarece.

Voltemos à pergunta: Desde a saída do Egito até o início da construção do templo, quantos anos os Israelitas serviram a Deus?

Encontraremos a resposta estudando a vida do povo de Israel desde a sua saída do Egito até o início da construção do templo por Salomão.

Durante esse período, o povo de Israel passou por várias batalhas, foi derrotado em algumas e venceu outras. Mas não é isso que estamos procurando. Queremos saber quanto tempo o povo de Israel serviu ao Senhor Deus.

Podemos colocar essa pergunta de uma outra maneira. Por quanto tempo Israel, como nação, embora habitando na terra prometida, não serviu ao Senhor Deus?

Essa resposta não é difícil de ser encontrada na Bíblia. Basta examinar o livro de Juízes.

Nele, descobrimos que, por cinco vezes, Deus permitiu que fossem subjugados e servissem a um outro "senhor".

É muito interessante fazer a somatória dos anos nos quais isso aconteceu.

Jz 3.8	serviram a Cusã-Risatain	8 anos
Jz 3.14	serviram a Eglon	18 anos
Jz 4.3	serviram a Jabim	20 anos
Jz 6.1	serviram aos Midianitas	7 anos
Jz 13.1	serviram aos Filisteus	40 anos

Quantos anos o povo de Israel serviu a um outro Senhor enquanto habitava na terra prometida? 93 anos!

Isso não é coincidência!

Estamos vendo um exemplo singular de como o Deus que conta a história, conta também o tempo das nossas vidas.

O período de tempo que os judeus habitaram na terra prometida foi de 573 anos, desde a saída do Egito até o início da construção do templo por Salomão. No entanto, durante esse período, 480 anos eles serviram ao Senhor. Os outros 93 eles tiveram de servir a um "outro senhor".[7]

Essas duas maneiras de contar o tempo são bem comuns.

---

[7] Esses cálculos aparecem no livro *Os Números na Bíblia, Moisés, os números e nós*, pelo Dr. Christian Chen, pp. 134-35, Editora Elo.

Nós as usamos com frequência, mas não com a precisão que o Senhor Deus as usa. Dizemos que já trabalhamos por vinte anos, por exemplo. Isso não significa que gastamos cada momento desses vinte anos trabalhando.

Esse exemplo do povo de Israel demonstra como Deus está completamente comprometido com a verdade histórica, até nos menores detalhes.

Esse tipo de comprometimento é algo constante em todos os relatos históricos narrados na Bíblia.

Portanto, não deveríamos ficar surpresos se uma nova descoberta histórica for exatamente como a Bíblia narrou.

Afinal, ela contém a verdadeira história, contada pelo Deus que não pode mentir.

CAPÍTULO II

GÊNESIS E A HISTÓRIA

Como já vimos, a Bíblia é um livro histórico, repleto de referências históricas como nomes, lugares e datas. Sua narrativa é precisa e verídica. Portanto, sempre será compatível com as evidências históricas encontradas pela arqueologia, geologia, geografia, astronomia, linguística e outras áreas afins.

Não deveria ser difícil para a humanidade aceitar a verdadeira história das origens, narrada pelas Escrituras Sagradas. Mas isso geralmente não acontece.

Muitas pessoas não encontram dificuldade para aceitar as datas relacionadas com Gênesis, a partir do capítulo 12, com a narrativa sobre Abraão e a origem do povo judeu. Mas as datas bíblicas que antecedem a esse capítulo são outra história, principalmente quando comparadas com as longas datas propostas pela história e pela ciência.

Por exemplo, não é difícil calcular quando Abraão teria nascido, levando-se em conta as genealogias dos capítulos 5 e 11 de Gênesis.

Utilizando o mesmo método para obter o ano do dilúvio a partir da criação de Adão, chegaríamos ao ano do nascimento de Abraão: 1.948.[1] Segundo a datação tradicional judaica, ele teria vivido de 1.812 a 1.637 a.C.

Basta fazer uma pequena adição para chegar à data da criação de Adão, 1.948 + 1.812 = 3.760 a.C.!

---

[1] Todos os cálculos cronológicos nesse livro utilizam o texto hebraico massorético, que é a versão universal da *Tanak* para o judaísmo moderno e a fonte oficial de tradução para o Antigo Testamento da Bíblia, tanto para protestantes como para católicos.

Uma segunda soma nos daria o tempo desde Adão até hoje, 3.760 + 2.011 = 5.771 (o qual é o ano judeu referente ao ano de 2.011 A.D.).

Há Quanto Tempo?

Você acha que somente cerca de seis mil anos teriam passado desde Adão até os nossos dias?

Como saber com precisão o tempo em que algo teria ocorrido? A resposta não é tão simples.

Podemos afirmar que tudo é uma questão de fé.

Veja o exemplo. Há quanto tempo você nasceu?

Basta olhar na sua certidão de nascimento. Certo?

O fato é que você não sabe. Você acredita na data colocada na sua certidão de nascimento. Você acredita que ela é verdadeira. E é somente isso o que você pode fazer. Não existe uma maneira de voltar no tempo para comprovar a data do seu nascimento. Você simplesmente acredita que a sua certidão de nascimento expressa de forma verdadeira a informação nela contida. Você acredita num pedaço de papel!

Mas, por quais razões você acredita nela? Que evidências você tem que a sua certidão de nascimento expressa a verdade?

Talvez você nunca tenha pensado assim!

Imaginemos uma outra situação um pouco mais interessante relacionada ao passado.

Imagine que tudo o que existe no universo, incluindo você, sua família, seus amigos, a sociedade onde se encontra, a cidade, o país, o mundo onde você mora, tudo, incluindo a sua certidão de nascimento, tivessem sido criados cinco minutos atrás.

Você diria que isso não é possível.

Por que não?

E se isso realmente aconteceu?

Em outras palavras, tudo o que existe, incluindo você e a sua certidão de nascimento (independente da data, do dia e do local que nela aparece), não teriam mais que cinco minutos de existência, embora você encontrasse um mundo já formado ao seu redor, com casas acabadas, estradas prontas, árvores dando frutos, pessoas idosas, e tudo mais. Você e todos os demais seres humanos vivos já foram criados, com a memória de um passado que nunca teria existido.

Tudo teria apenas cinco minutos de existência! Até mesmo esse livro que você está lendo!

Talvez você esteja pensando: "Não tenho tempo para esse tipo de leitura!" Espere um pouco!

Os que pensam dessa forma não entenderam ainda o quão difícil é responder à pergunta feita. Qualquer pessoa ou historiador deveria estar consciente disso.

Tente achar uma maneira de provar que o mundo não foi criado há cinco minutos! Como, então, saber quanto tempo atrás algo teria acontecido?

O que temos certeza é que não podemos saber exatamente há quanto tempo algo teria ocorrido, a menos que alguém que não mentisse estivesse lá e nos contasse.

Essa seria a única possibilidade real.

A Bíblia, que foi escrita pela inspiração do Deus que não pode mentir, que fez o mundo e que esteve presente no momento que a natureza veio à existência, afirma que o mundo foi criado há seis mil anos.

Por que isso não seria histórico e verdadeiro?

A Origem da História

A história teve de ter um início, pois ela trata do universo, que teve um início, do planeta Terra, que teve um início, da humanidade, que teve um início, de todas as coisas criadas, as quais tiveram um início.

A origem da história está associada à origem da natureza (do universo e da vida). Antes da natureza existir, não poderia haver história. Antes do universo existir, não poderia haver história. Antes da vida biológica inteligente existir, não poderia haver uma narrativa histórica, pois tal relato necessita ser produzido por inteligência.

A humanidade conheceu grandes historiadores ao longo da sua história. Um dia eles foram tão reais quanto eu e você. Hoje, todos eles fazem parte da história que estudamos. Um dia os historiadores atuais também farão parte da história.

Nenhum historiador presenciou o que aconteceu antes dele como também não presenciará aquilo que vier a acontecer depois dele. Assim é a história que estudamos nos livros.

Mas a história narrada pela Bíblia é diferente.

O seu autor já existia antes mesmo que qualquer evento histórico houvesse acontecido. Sua longevidade será sempre maior que o tempo utilizado pela história humana ou pelo universo. Para escrevê-la, ele não necessitou estar na história, nem fazer parte dela. Contudo, Deus entrou na história através das suas muitas intervenções e, mais plenamente, através da pessoa do seu Filho amado.

Isso faz que a narrativa histórica da Bíblia se torne ainda mais relevante.

Ela estabelece uma base sólida para todas as demais narrativas históricas.

Na física nós diríamos que a narrativa histórica da Bíblia oferece um plano de referência ideal, preferencial e único para o estabelecimento de todas as demais narrativas.

Assim, a origem da história sempre estará relacionada à revelação feita pelo Deus da Bíblia.

A Origem da Civilização

Na ciência moderna costuma-se diferenciar entre a origem da civilização e a origem da humanidade. Segundo muitos estudiosos, a humanidade teria surgido (baseados na teoria da evolução) em algum lugar no continente africano. Atualmente, alguns pesquisadores trabalham com a possibilidade da humanidade ter surgido em algum lugar no Oriente (Ásia).

No entanto, a grande maioria dos historiadores concorda que o Crescente Fértil, na região da Mesopotâmia, localizada no Oriente Médio, foi o berço da civilização.

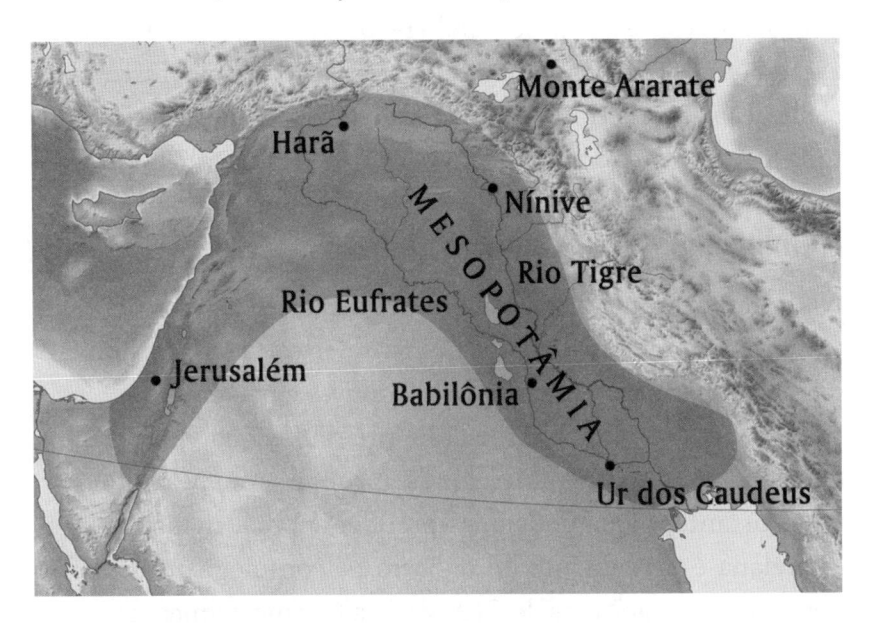

A narrativa bíblica diz que tanto a origem da humanidade quanto a origem da civilização ocorreram no Crescente Fértil.

A origem da humanidade se deu no jardim no Éden, o qual era regado por um rio que se dividia em quatro braços: o Pisom, o Giom, o Tigre e o Eufrates.

No Capítulo I fizemos menção desses quatro rios. O jardim no Éden estava localizado no Oriente Médio. (Veja o mapa no Apêndice 1.)

O relato bíblico aponta as montanhas do Ararate como a região geográfica onde Noé e sua família se estabeleceram após o dilúvio. Portanto, a origem da civilização que conhecemos hoje, nada mais é que a narrativa dos relatos históricos dos descendentes de Noé.

Somos informados pela Bíblia que a origem da civilização pós-diluviana, se deu na Mesopotâmia – na planície de Sinar. Nessa região, foi construída a Torre de Babel, onde ocorreu a divisão das línguas e a dispersão dos povos por toda a superfície da Terra.

Portanto, quando os livros de história tratam da Mesopotâmia como o berço da civilização, eles estão certos até um certo ponto, pois eles estão procurando reconstruir a história da civilização que se formou após o dilúvio. Mas a verdadeira história da civilização deveria tratar também da civilização que existiu sobre toda a Terra antes do dilúvio.

A Civilização Pré-Diluviana

É importante afirmar que os nossos antepassados pré-diluvianos não foram os supostos homens das cavernas. Os homens das cavernas apareceram depois do dilúvio e não antes.

Ao estudarmos a civilização pré-diuluviana, percebemos que a sua história foi interrompida abruptamente pelo dilúvio.

Portanto, o que podemos aprender sobre a civilização pré-diluviana é proveniente do registro paleontológico (fósseis) e dos primeiros capítulos de Gênesis (4 a 6 principalmente).

Embora pareça pouco, é o suficiente para que tenhamos uma ideia correta desses nossos antepassados.

Ao examinarmos o registro paleontológico fica evidente a abundância da flora e da fauna pré-diluviana.

Algumas espécies de animais e plantas encontram-se extintas. As que ainda existem no planeta são um remanescente dos tempos pré-diluvianos.

A narrativa bíblica afirma que a civilização pré-diluviana foi muito inteligente. Sabemos que vários fatores contribuíam para esse alto grau de inteligência.

Um fator primeiro foi a inteligência inicial dada por Deus. Percebe-se isso na tarefa que ele deu a Adão, dar nome a todos os animais.

Um segundo fator muito importante foi o contato direto com o Deus da criação. Muito do conhecimento sobre as coisas criadas foi transmitido diretamente por Ele.

Um terceiro motivo muito importante, está ligado à longevidade. A maioria dos pré-diluvianos chegou a viver quase mil anos.

Alguém que vivesse tanto tempo aprenderia muito durante a sua vida. Essa pessoa teria presenciado vários ciclos encontrados na Terra e no espaço sideral. Ela teria aprendido sobre a duração do ano e das estações, sobre os ciclos de crescimento das plantas, dos animais, e dos próprios seres humanos. Ela certamente teria observado o movimento dos corpos celestes por mais tempo que qualquer astrônomo moderno.

Por exemplo, existe um mínimo de dois e um máximo de cinco eclipses solares para cada ano do calendário. Isso significa que um pré-diluviano, que tivesse vivido mais de 900 anos, teria tido a oportunidade de ver no mínimo 2.000 eclipses solares, dos quais cerca de 500 teriam sido eclipses totais, sendo os demais eclipses parciais, anulares ou híbridos.

Além desse tipo de informação, vindo por meio da observação, havia o conhecimento repassado ao longo da vida pelos antepassados.

Imagine o quanto Adão teria aprendido durante a sua vida (930 anos), além de tudo o que já havia aprendido diretamente de Deus durante os anos que viveu no jardim no Éden, antes de pecar! Imagine o quanto seus filhos (Caim, Sete e os demais) aprenderam com ele.

Agora, imagine o que os netos de Adão aprenderam com seus pais e avô.

Não é difícil imaginar que a humanidade pré-diluviana poderia ter alcançado o desenvolvimento de muitas tecnologias que conhecemos hoje.

Tubalcaim (Gn 4.22), por exemplo, foi artífice de todo instrumento cortante de ferro e bronze.

O processo de produção do ferro, desde a extração até a

obtenção do produto final, é altamente tecnológico.

Uma pessoa que não tivesse conhecimento sobre o minério de ferro (hematita, Fe_2O_3), ao deparar-se com ele, não daria o menor valor. Uma pessoa que não tivesse conhecimento tecnológico não saberia como extrair o ferro do minério de ferro. O processo químico não é tão simples assim, e é conhecido como "smelter".

Observe uma pequena parte da química das muitas etapas envolvidas no processo de obtenção do ferro:

Etapa 1: $3Fe_2O_3 + CO \rightarrow 2\,Fe_3O_4 + CO_2$
Etapa 2: $Fe_3O_4 + CO \rightarrow 3\,FeO + CO_2$
Etapa 3: $FeO + CO \rightarrow Fe + CO_2$

Tubalcaim, a oitava geração dos descendentes de Adão pela linhagem de Caim, sabia o que era minério de ferro e como extrair o ferro dele. Não sabemos quantos anos Adão tinha quando Tubalcaim nasceu. Mas se fizermos uma comparação com os descendentes de Sete, encontraremos Matusalém como a oitava geração. Ele nasceu quando Adão tinha 687 anos.

Podemos concluir que, setecentos anos após Adão ser criado e oitocentos anos antes do dilúvio ocorrer, já havia uma civilização com um alto grau de conhecimento tecnológico. Em Gênesis 4 percebemos algumas das características tecnológicas dessa civilização: haviam cidades (v. 17), agropecuária (v. 20) entretenimento em forma de instrumentos (v. 21) e tecnologia em forma de mineração, siderurgia, metalurgia e processos manufaturados (4.22).

Assim, o avanço tecnológico que ocorreu nos 1.656 anos que antecederam o dilúvio foi algo simplesmente impressionante!

A Civilização Pós-Diluviana

Exatamente neste ponto, é possível que muitos perguntem

o seguinte: Por que então, quanto examinamos as civilizações antigas por meio do registro arqueológico, não encontramos tal desenvolvimento?

A resposta é simples: o dilúvio.

Apenas Noé e sua família sobreviveram ao dilúvio. Deles vieram todas as civilizações antigas.

Noé e seus filhos, provavelmente, não dominavam toda a tecnologia existente na época. Seria como hoje. Eu e você conhecemos e usamos celulares, micro-ondas, computadores, mas não sabemos como fazê-los. Se todos aqueles que dominam essas tecnologias morressem, nós não as teríamos mais.

Todo o conhecimento tecnológico que Noé e seus filhos dominavam, foi repassado para as gerações futuras após o dilúvio. O que eles não dominavam – apenas usavam – perdeu-se com os que pereceram no dilúvio.

Com a confusão das línguas na Torre de Babel (região da Mesopotâmia) e a dispersão dos povos pela face da Terra após o dilúvio, ainda mais conhecimento tecnológico foi perdido.

Este fator de dispersão pode ter sido uma das razões principais pelas quais algumas civilizações antigas possuíam um conhecimento tecnológico tão avançado e outras não.

As que retiveram o conhecimento repassado por Noé e seus filhos (conhecimento tecnológico ou descrição de tecnologia), tornaram-se as civilizações do passado com grande desenvolvimento na ciência, tecnologia e arte.

Dentre elas podemos citar os sumerianos (Mesopotâmia – atual Iraque) com a linguagem escrita e a engenharia (construção de zigurates) e os harappeanos (vale do rio Indo – atual Paquistão) com complexo planejamento urbano, saneamento, engenharia hidráulica, e técnicas avançadas de tratamento dentário.[2]

---

[2] Coppa, A., et. al. (2006-04-06). "Early Neolithic tradition of dentistry: Flint tips were surprisingly effective for drilling tooth enamel in a prehistoric population". *Nature* 440 (7085):755-756.

Já as civilizações que não retiveram o conhecimento tecnológico repassado por Noé e seus filhos são as que possivelmente deram origem aos chamados "povos primitivos".

Podemos perceber que a região da Mesopotâmia e arredores (onde a Torre de Babel foi construída), mesmo após a dispersão, continuou sendo um centro de conhecimento tecnológico, graças à quantidade de povos que permaneceram na região. Muitos povos que se formaram com a divisão das línguas, devido à proximidade e contato, compartilhavam tecnologia.

Basta estudar as genealogias dos capítulos 9 a 11 de Gênesis, para ver quais foram os povos que se originaram dos descendentes de Noé e onde eles habitaram.

Hoje, eu e você, que lemos essas páginas, podemos refletir sobre os nossos antepassados, criados à imagem e semelhança de Deus: homens e mulheres, jovens, crianças e idosos que sonharam como nós, planejaram como nós, edificaram como nós, viveram como nós, estudaram como nós, e agora são apenas parte de uma história esquecida, que, não fosse o relato bíblico, jamais teríamos conhecimento.

Penso que eles não caíram no esquecimento por acaso. O abandono da verdade fez que isso acontecesse. Todos eles se tornaram inúteis para Deus.

Toda a civilização pré-diluviana desenvolveu-se numa sociedade violenta (Gn 4.23-24), corrompida e má (Gn 6.5), a tal ponto de não ser encontrado nela nenhum justo que andasse com Deus, a não ser Noé (Gn 6.8-9) – perceba que Noé nasceu apenas 126 anos após a morte de Adão, o primeiro homem criado.

Seria muito provável que eles se ensoberbecerem das suas muitas realizações assim também como nós nos ensoberbecemos das nossas.

Corremos hoje o mesmo risco que eles correram.

O desfecho da nossa história parece que será igual ao da história deles: "E, como foi nos dias de Noé, assim será também a vinda do Filho do homem." (Mt 24.37-38 e Lc 17.26)

CAPÍTULO III

GÊNESIS E A CIÊNCIA

Gênesis (substantivo): origem, fonte, raiz, início, começo, desenvolvimento, formulação, propagação.
Ciência (substantivo): corpo de conhecimento ou informação, área de estudo, disciplina.

Ciência não significa o estudo das origens. Mas existem áreas da ciência que estudam as origens – como a cosmogonia (estudo sobre a origem do universo).

Uma das funções da Ciência é procurar desvendar os mistérios relacionados com o surgimento (gênesis) da vida e do universo. E para tanto, ela trabalha com uma quantidade limitada de evidências, mais as limitações da capacidade de raciocínio e lógica que todo cientista possui para interpretar corretamente essas poucas evidências.

Mesmo assim, os nossos livros científicos estão repletos de afirmações relacionadas à "gênesis" do universo, da vida, do ser humano e das civilizações.

Precisamos esclarecer aqui que a ciência é limitada, e, portanto, não tem condição de explicar ou mesmo verificar todas as coisas.

Por exemplo, a ciência não possui condições para verificar a existência do céu ou do inferno. Isso não significa que ambos não existam. Ela apenas não tem ferramentas para verificar se eles existem ou não.

Assim, precisamos conhecer as limitações da ciência e o propósito do livro de Gênesis.

O Propósito de Gênesis

A Bíblia tem como propósito básico que as pessoas conheçam a verdade. Para tanto, oferece um conhecimento da verdade que seja abrangente a todas as áreas da experiência e do conhecimento humano.

A veracidade da narrativa bíblica também faz parte desse propósito geral. O Deus que a escreveu deixa claro que o seu relato é completamente fidedigno.

Em Isaías 41.22-23 lemos o seguinte:

> Tragam os seus ídolos para nos dizerem o que vai acontecer. Que eles nos contem como eram as coisas anteriores, para que as consideremos e saibamos o seu resultado final; ou que nos declarem as coisas vindouras, revelem-nos o futuro, para que saibamos que eles são deuses. Façam alguma coisa, boa ou má, para que nos rendamos, cheios de temor.

Deus, nesse texto, claramente desafiou os adoradores dos falsos deuses (ídolos), a levarem alguma evidência de que seus ídolos fossem de verdade. E as evidências seriam: (1) contar como eram as coisas anteriores (contar a história passada) e, (2) declarar as coisas vindouras (contar a história futura).

O Deus da Bíblia faz os dois.

O propósito da narrativa de Gênesis é oferecer ao leitor um conhecimento verídico sobre a origem do universo e da vida.

Esse objetivo é atingido em dois capítulos, utilizando apenas duas características importantíssimas:

(1) uma narrativa que não seja cheia de detalhes para que o leitor não fique perdido, e (2) uma narrativa que não seja tão geral para que o leitor não fique confuso.

Em outras palavras, o Autor foi preciso e conciso, não faltando no texto detalhes científicos. Pelo contrário, eles aparecem de forma relevante e na quantidade certa para estabelecer e esclarecer o que foi narrado.

Qualquer pessoa versada em ciência pode perceber que o texto de Gênesis oferece uma riqueza de detalhes científicos que são perfeitamente compatíveis com as descobertas já feitas.

No entanto, precisamos compreender que o objetivo primeiro do livro de Gênesis não é ensinar ciência, mas apresentar uma narrativa histórica fiel e verdadeira.

Isso pode ser visto na maneira como o livro apresenta a narrativa da criação do universo e da vida.

Introdução: Gênesis 1.1

Criação: Gênesis 1.2-2.3

Criação do ser humano: Gênesis 2.4-25

Deus poderia ter escrito apenas o verso 1 do primeiro capítulo e já pulado para o capítulo 3.

Ficaria praticamente assim:

"No princípio Deus criou os céus e a terra. Ora, a serpente era o mais astuto de todos os animais selvagens que o Senhor Deus tinha feito. E ela perguntou à mulher: "Foi isto mesmo que Deus disse: 'Não comam de nenhum fruto das árvores do jardim'?"

Talvez você esteja pensando porque Deus não escreveu o início do livro de Gênesis dessa maneira.

A resposta está na metodologia que Deus usa para ensinar o ser humano. Ele ensina o geral, depois volta e trabalha os detalhes necessários para que a compreensão seja clara.

Observe a metodologia:

Gênesis 1.1	resumo da criação de todas as coisas.
Gênesis 1.2 a 2.3	explicação detalhada de como elas foram criadas.
Gênesis 1.26-28	resumo da criação dos seres humanos.
Gênesis 2:4-25	explicação detalhada de como os seres humanos foram criados.

Os detalhes são acrescentados para esclarecer o resumo e evitar qualquer interpretação errada do que foi proposto: uma narrativa histórica, fiel e verdadeira sobre a origem do universo e da vida.

O Propósito da Ciência

A melhor maneira de conhecermos o propósito da ciência é termos uma definição prática do que é ciência.

> "Ciência é o conhecimento do significado da realidade e esse conhecimento pode ser dividido em vários tipos e significados da realidade... Ciência é composta de *discernimento* por parte daquele que tem capacidade de conhecer, *significado* por parte dos objetos que ele conhece, e *compreensão* por meio do intelecto, que serve como meio de pensamento. Ela não é uma mera coleção de fatos não relacionados e verificados experimentalmente. Ela é conhecimento estruturado e essa estruturação vem do desenvolvimento natural da própria mente."[1]

Colocando de forma simples, ciência é a forma de expressarmos a nossa percepção da realidade, seja ela do presente ou do passado.

Assim, o propósito da ciência é o de discernir as evidências, dando um significado a cada uma delas, para que haja uma compreensão da realidade presente e passada.

Por exemplo, quando um cientista usa uma equação, ele espera que essa equação seja uma expressão da realidade, ou seja, que a velocidade calculada da queda de um objeto pela equação seja igual à velocidade real.

A ciência espera que através de uma determinada teoria seja

---

[1] John F. McCarthy, *The Science of Historical Theology: Elements of a Definition*. TAN Books & Publishers, Inc., 1991, pp.37,41.

expressa, o mais fielmente possível, a realidade que essa teoria tenta descrever ou demonstrar.

Teoria, Realidade e Verdade

Mas o que seria a realidade?

No contexto científico, realidade é sinônimo de verdade. É sobre essa suposta verdade proposta pela ciência que precisamos questionar.

Vamos ilustrar a razão do questionamento.

Se eu lhe mostrasse a foto de um lago de águas límpidas e cristalinas e lhe perguntasse:

Onde tem água tem...?

Qual seria a sua resposta?

Vida!

Essa sua resposta, embora dada pela maioria das pessoas, não é uma resposta que expressa a realidade.

Mas, por que não? Onde tem água tem vida!

Isso não é verdade. Onde tem água tem água!

Essa é a verdade científica!

Onde tem água, PODE ter vida.

Essa é uma proposição científica.

Existe uma diferença muito grande entre as duas coisas que acabamos de mencionar: uma, é verdade e expressa exatamente a realidade (onde tem água, tem água), a outra, não expressa a realidade (onde tem água, tem vida) devido à possibilidade de não haver vida nenhuma naquela água.

Da mesma maneira, muitas pessoas, incluindo pesquisadores, cientistas, professores e leigos, confundem realidade científica com possibilidade científica.

Quando estudamos as propostas científicas que falam das origens, não estamos estudando uma realidade científica, mas sim, uma proposta científica.

Alguns consideram a proposta evolucionista das origens

como sendo uma narrativa histórica, verídica e fidedigna do que realmente teria acontecido.

Nada estaria mais longe da verdade!

A cada nova descoberta científica, o conteúdo do conhecimento é alterado.

Algo que está em constante transformação não pode ser considerado como verdade, pois poderá se tornar em algo totalmente diferente a qualquer momento.

Realidade, no contexto bíblico, também significa verdade, a verdade dos fatos, dos eventos, das pessoas, das situações, dos resultados.

Realidade, no contexto bíblico, é algo objetivo e não subjetivo, que possa mudar com o tempo.

Isso é fácil de perceber. Toda realidade bíblica está fundamentada em Deus, o qual é a realidade final.

Se Deus não existisse, nada existiria!

Tudo existe porque Deus existe!

Por outro lado, a Bíblia não trabalha com teorias (possibilidades), mas com a realidade. A ciência é totalmente dependente de teorias. A Bíblia não!

Não existem teorias sobre isso ou sobre aquilo na Bíblia. O que existe são fatos!

Deus não trabalha com teorias. Nós seres humanos é que trabalhamos com teorias.

Portanto, existe uma grande diferença entre o relato histórico proposto pela ciência e a narrativa histórica bíblica.

O Criacionismo Científico

A ciência pesquisa evidências para compreender a realidade. A ciência busca a verdade constantemente.

Muitos pensam que toda proposta científica só pode ser naturalista ou evolucionista. Não é verdade. Existem propostas científicas que são criacionistas.

Essas propostas não estão baseadas em literatura religiosa. Elas também não estão baseadas em crença ou superstição. Elas trabalham com evidências.

Talvez você esteja pensando: Evidências de Criação? Quais seriam as evidências que Deus teria criado o mundo?

Primeiramente, precisamos deixar claro que não é possível provar que Deus criou o mundo. Portanto, tentar provar que Ele criou o mundo não poderia ser uma proposta científica.

Quem disse que não é possível provar que Deus criou o mundo foi Ele mesmo:

> "Pela fé entendemos que o universo foi formado pela palavra de Deus, de modo que o que se vê não foi feito do que é visível." Hebreus 11.3

Veja o que o texto diz: Pela fé! Se for pela fé, logicamente não pode ser por meio de evidências.

Mas antes que você chegue a conclusões erradas, vamos estabelecer duas coisas muito importantes.

A primeira é: o universo foi criado!

O texto de Romanos 1.19-20 nos informa que, por meio das coisas criadas (a natureza), qualquer pessoa chegaria à conclusão que existe um Deus invisível, com poder eterno e natureza divina, ou seja, um ser que vai além da natureza, um Deus transcendente.

> "...pois o que de Deus se pode conhecer é manifesto entre eles, porque Deus lhes manifestou. Pois desde a criação do mundo os atributos invisíveis de Deus, seu eterno poder e sua natureza divina, têm sido vistos claramente, sendo compreendidos por meio das coisas criadas, de forma que tais homens são indesculpáveis;"

Uma conclusão óbvia, ao examinarmos a natureza, é que ela

foi criada. O não óbvio seria dizer que ela surgiu espontaneamente.

Portanto, a nossa intuição, baseada na observação de tudo o que existe ao nosso redor, diz que a natureza foi criada.

A segunda é: o universo foi criado!

Não houve aqui um erro tipográfico. A segunda é: o universo foi criado!

Você diz: É igual à primeira!

Sim e não!

A nossa intuição diz que a natureza foi criada. As leis da natureza e os processos naturais afirmam a mesma coisa.

Veja um exemplo simples, usando as leis da termodinâmica.

A primeira lei diz que "a energia do universo é constante, portanto, a sua entropia tende sempre para um máximo." Isso significa que a quantidade de energia existente no universo não pode ser aumentada, nem diminuída. Sendo assim, a sua capacidade de desorganização (entropia) sempre estará no limite máximo.

A segunda lei diz que "a entropia aumenta à medida que o tempo passa." Isso significa que a natureza tende a se desorganizar à medida que o tempo passa.

Mas, se à medida que o tempo passa a natureza tende para a desorganização, isso significa que a natureza no passado foi mais organizada do que ela é hoje.

Quanto mais distante no passado alguém pudesse viajar, mais organizada ele deveria encontrar a natureza.

Chegando ao início, ele encontraria uma natureza extremamente organizada ou extremamente desorganizada?

A resposta é obvia: extremamente organizada!

Qual processo natural teria produzido uma natureza, logo no seu início, perfeitamente organizada?

Resposta: nenhum!

Portanto, processos naturais não teriam trazido a natureza à existência. Ela foi criada! Não existe outra possibilidade científica!

Assim, é possível demonstrar cientificamente que a natureza (o universo e a vida) foi criada. Só não é possível demonstrar cientificamente *quem* ou *o quê* a criou, ou ainda, *como* ela foi criada.

Assim funciona o criacionismo científico.

Ele não se baseia em propostas religiosas ou escritos religiosos.

Ele apenas afirma, baseado em evidências que o universo e a vida, com a complexidade neles encontrada, não teriam vindo à existência por meio de processos naturais e leis da natureza.[2]

Por isso é que dissemos que não é possível provar cientificamente que Deus criou o mundo.

Mas podemos provar cientificamente que o mundo foi criado! Se não podemos provar que Deus criou o mundo, como fica a narrativa de Gênesis sobre a criação?

O Criacionismo Bíblico

Embora não possamos provar cientificamente que Deus criou o mundo, isso não significa que Ele não o criou. Precisamos analisar a questão.

Estamos tratando aqui com duas afirmações. A primeira é que o mundo foi criado. A segunda é que Deus criou o mundo.

Mas como saber se ambas seriam realmente verdadeiras?

A primeira é um pouco mais simples. Já vimos nas páginas anteriores.

A segunda é um pouco mais complexa.

Vamos partir da seguinte suposição: Se Deus criou o mundo, Ele teria deixado evidências disso. Um artista é reconhecido pelas suas obras. Um escritor também é reconhecido pelas suas obras.

---

2 Uma abordagem mais detalhada sobre o Criacionismo Científico aparece nos livretos escritos pelo autor, entitulados: A Igreja e o Criacionismo, Evidências de Criação, Sinais de Inteligência e o Criacionismo Científico.

Deixamos uma assinatura nossa em tudo o que fazemos. Nem sempre essa assinatura é visível. Mas ela é detectável. Se isso não fosse verdade, seria muito difícil prender um criminoso. As evidências que ele deixou testificam que foi ele quem cometeu o crime.

A mesma coisa acontece na natureza.

O criador deixou evidências na sua criação.

Vejamos quais são:

Primeiramente, precisamos ver quais são as características que diferenciam o Deus da Bíblia de todos os demais. Existe uma que é a principal. O Deus da Bíblia é triúno. Não são três deuses, mas um único Deus em três pessoas: o Pai, o Filho e o Espírito Santo.

Note que a Bíblia não é politeísta (muitos deuses). Ela é monoteísta (um só Deus).

Essa característica do Deus da Bíblia é peculiar: três em um!

Vejamos agora as características da natureza.

A natureza existe no tempo e no espaço.

O tempo existe na seguinte forma: passado, presente e futuro (três em um).

O espaço existe na seguinte forma: largura, altura e profundidade (três em um).

A natureza é constituída de matéria (átomos).

Átomos existem na seguinte forma: prótons, nêutrons e elétrons (três em um).

Prótons e nêutrons existem na seguinte forma: três *quarks* (três em um).

As formas de vida se baseiam em informação genética. Essa informação genética aparece codificada no DNA através de sequências de pequenas letras químicas (A - adenina, T - timina, C - citosina, G - guanina). Essas sequências são divididas naturalmente em códons. Cada códon possui três letras (três em um).

Apenas mais um exemplo para você pensar: quantas pernas um banquinho precisaria ter para ser estável? Três!

Poderíamos continuar mencionando muitos outros exemplos encontrados na natureza, mostrando que ela é base três (três em um).

Você teria alguma dúvida sobre quem teria sido o Criador da natureza? Espero que não!

Por que, então, a origem do universo e da vida não poderia ser exatamente como descritas na narrativa bíblica?

Por que essa narrativa não seria a narrativa da verdadeira história do universo, da vida e do ser humano?

Seria por falta de evidências científicas ou históricas?

A resposta não é tão difícil assim!

CAPÍTULO IV

GÊNESIS E A TEORIA DA EVOLUÇÃO

A teologia do Século XX foi marcada pelas muitas tentativas de harmonização entre os ensinamentos das Sagradas Escrituras e as propostas científicas.

Essas tentativas de harmonização aparecem nas áreas da sociologia – com a teologia da libertação; nas áreas da economia – com a teologia da prosperidade; nas áreas da psicologia – com a psicologia cristã, e em muitas outras áreas do conhecimento científico.

Na área das ciências biológicas, essa tentativa aparece sob a forma de evolucionismo teísta.

A Bíblia não contém erros científicos, portanto, ela é perfeitamente compatível com as descobertas científicas, havendo sempre uma harmonização natural.

Mas não é assim com as teorias científicas.

Quando não existe harmonia entre a proposta bíblica e uma determinada teoria científica, muitas pessoas, infelizmente, desconfiam da Bíblia ou da sua interpretação literal, em vez de desconfiarem da ciência.

Muitos não percebem que o conhecimento científico muda. E muda muito rapidamente.

Como exemplo, observe os livros textos utilizados nas universidades. Eles se desatualizam com uma velocidade tal que, muitas vezes, nem mesmo os professores conseguem manter-se com a última versão.

A Bíblia, por outro lado, nunca precisou passar por nenhuma atualização. O que foi escrito há dois mil anos continua tão verdadeiro hoje quanto quando o texto foi escrito originalmente. Isso é impressionante!

A humanidade tem um único livro cujas afirmações foram, são e sempre serão verdadeiras: a Bíblia.

Sabemos que a afirmação que acabamos de fazer não é aceita pela grande maioria das pessoas.

A Teoria da Evolução

Antes de desenvolvermos um estudo sobre a proposta evolutiva e o livro de Gênesis, precisamos esclarecer algumas confusões e interpretações erradas, principalmente quanto a teoria da evolução.

Embora tendo se tornado um ícone do conhecimento científico, a teoria da evolução não expressa coerentemente as descobertas científicas.

Comecemos pela proposta feita por Charles Darwin no seu livro *A Origem das Espécies*. Darwin trata nessa sua obra, sobre a origem da variedade das formas de vida e não sobre a origem da vida. Ele procura explicar como seria possível, para todas as espécies, evoluir de um ancestral comum por meio de processos naturais.

Ele propõe a seleção natural, a qual é um processo natural observável, como o fator evolutivo principal.

Entretanto, a seleção natural atua somente na seleção do que já existe. Ela não produz as possibilidades para que a escolha seja feita.

Então, o que produz essa quantidade de possibilidades para que a seleção natural possa escolher apenas "alguns dentre tantos"? Talvez você queira oferecer a resposta tradicional: os bilhões de anos de variações e adaptações teriam produzido as possibilidades.

A resposta está errada!

Tempo (bilhões de anos) e processos naturais (variações e adaptações) são duas coisas diferentes.

Deixe-me colocar de outra forma a pergunta que fizemos: Que tipo de variações e adaptações teria produzido as novas possibilidades, das quais algumas teriam sido selecionadas pelo processo da seleção natural?

A resposta seria: Aquelas que forem vantajosas.

Correto. E quais seriam essas variações e adaptações?

Resposta: Somente aquelas que já existissem codificadas no código genético e pudessem ser expressas.

O que acabou de ser dito é um fato científico comprovado por inúmeras experiências e publicações.

Variações e adaptações são expressões da informação genética já existente.

O que não existe codificado no DNA não pode ser expresso. Note que variações e adaptações são reais e fazem parte dos processos naturais. Mas elas não são a causa. A causa das variações e adaptações é a informação genética codificada.

Bilhões de anos não poderiam fazer que uma característica biológica aparecesse, se ela não estivesse previamente e precisamente codificada no DNA.

O processo básico é de transmissão de informação genética de uma geração de indivíduos para os seus descendentes. O que é transmitido é a informação genética já existente. Informação genética que se expressa em estruturas e sistemas (como a estrutura óssea, pelos, escamas, unhas, sistema digestivo, respiratório, e circulatório) e órgãos completos e complexos (como asas, patas, coração, pulmão e guelras) é repassada de uma geração para outra.

Um indivíduo que recebe informação genética que produz pata não irá repassar informação genética que produz asa. Isso é um fato científico.

Mas não poderia haver variações e adaptações quanto ao

tipo de pata ou de asa? A resposta é, sim. Mas a informação genética passada seria sempre a de pata com as possíveis variações ou de asa com as possíveis variações.

Portanto, adaptação e variação não são evidências de evolução.

Assim, muitos exemplos citados como evidências de evolução, tais como o desaparecimento dos dentes do siso (o que não tem nada a ver com evolução porque se trata de uma perda e não do ganho de uma nova função ou órgão) ou do apêndice como órgão vestigial (o que ele nunca foi, pois o apêndice tem função específica com o sistema imunológico e com a flora intestinal), nada mais são que interpretações erradas de evidências científicas e que são opostas à evolução e não a favor dela.

Plantas e animais variam e adaptam-se, mas isso não significa que eles evoluem.

Os seguidores de Darwin entenderam o problema. Tanto que a teoria que começou como Darwinismo, passou para Neo-Darwinismo, e tornou-se teoria Sintética.

Independente da terminologia, a essência foi mantida: processos naturais teriam, ao longo de bilhões de anos, produzido a variedade de espécies de organismos vivos do planeta Terra, sejam os atuais ou os extintos, que são encontrados no registro fóssil.

Ainda hoje algumas pessoas acreditam que Darwin propôs que seres humanos teriam evoluído dos macacos. Existem muitos professores ensinando dessa forma.

Isso não é verdade. Isso não é teoria da Evolução. A teoria da Evolução não propõe que seres humanos evoluíram dos macacos, mas sim, que seres humanos e macacos teriam evoluído de um ancestral comum.

Se alguém perguntasse: Como foi isso possível?

Agora você já sabe que não foram os bilhões de anos, nem as adaptações ou mesmo as variações.

Mas como isso teria sido possível?

Resposta: Não foi possível, como não é possível! Isso nunca aconteceu.

Seres humanos sempre foram seres humanos, e isso desde o início.

Qual a evidência? A resposta é a mesma: A informação genética codifica no DNA.

Seres humanos sempre produzirão seres humanos assim como invertebrados sempre produzirão invertebrados, peixes sempre produzirão peixes, anfíbios sempre produzirão anfíbios, répteis sempre produzirão répteis, aves sempre produzirão aves, e mamíferos sempre produzirão mamíferos, assim como jabuticabeiras sempre produzirão jabuticabeiras e mangueiras sempre produzirão mangueiras.

Isso é válido e verdadeiro para o presente, para o futuro e também para o passado.

E as mutações?

Mutações são erros que ocorrem na codificação genética. Por isso existe um sistema de reparo do DNA[1] que corrige erros, deteriorações e perdas da informação genética codificada.

Segundo a teoria da evolução, erros, deteriorações e perdas de informação genética teriam produzido formas de vida mais aptas a sobreviver que os seus progenitores.

É exatamente isso que é proposto pela teoria da evolução utilizando-se das mutações.

Isso é impossível, pois o mecanismo de reparo é muito eficiente. Se ele não existisse, a vida já teria desaparecido da face da Terra há muito tempo.

Como o mecanismo de reparo do DNA teria vindo à existência? Por meio de mutações? Por meio da evolução?

Obviamente, por nenhuma delas.

Esse mecanismo faz parte da sabedoria do Criador expressa no DNA das formas de vida. Processos naturais não "sabem"

---

[1] Os resultados das pesquisas na área de reparo do DNA podem ser encontrados nas publicações do *DNA Repair Journal*, conhecido anteriormente como Mutation Research - DNA Repair.

diferenciar entre certo ou errado, entre o que funciona do que não funciona.

Além das mutações, existem outros mecanismos propostos pelos evolucionistas como fontes de mecanismos evolutivos: a recombinação do material genético e o fluxo (ou escape) gênico (que seria a transferência de genes de uma população para outra).

É importante destacar aqui que fluxo gênico só ocorre entre populações de uma mesma espécie e não entre espécies diferentes.

Embora esses mecanismos sejam observados na natureza, todos eles estão limitados à quantidade de informação genética previamente existente e como essa informação genética é utilizada pelas formas de vida já existentes e seus descendentes, e, portanto, não teriam produzido os resultados esperados pela proposta evolucionista.

O Princípio Básico da Evolução

Muitos pensam que o princípio básico da evolução é a seleção natural. Ela, sem dúvida, é um dos princípios fundamentais, como já vimos. Mas não é o princípio básico.

O princípio básico é este:

Primeiramente, evolução significa mudança ao longo do tempo. Não qualquer tipo de mudança, mas mudanças *significativas* ao longo do tempo. Essas mudanças deveriam indicar alterações fundamentais, quando comparadas às características dos supostos progenitores. Por exemplo, se invertebrados não pudessem passar por variações e adaptações suficientes para que seus descendentes se tornassem em vertebrados, evolução não poderia ocorrer.

Em segundo lugar, evolução não poderia ocorrer em um único e mesmo indivíduo ao longo da sua existência. Um peixe que nasceu peixe não se tornaria num anfíbio ao longo da sua existência. Isso não seria evolução. Note que o caso da mudança da lagarta em borboleta é uma metamorfose, o que não é um processo evolutivo.

Em terceiro lugar, evolução, por definição, significa a sobrevivência do melhor capacitado (ou adaptado). Formas de vida que não estivessem em condição de competir com as demais e sobreviver, certamente morreriam ao longo do tempo.

Podemos usar o título original que Darwin deu ao seu livro como um resumo do que foi dito acima: "*Sobre a Origem das Espécies por Meio da Seleção Natural ou A Preservação das Raças Favorecidas na Luta pela Sobrevivência*".[2]

O princípio básico da evolução é a morte.

O raciocínio é simples. Na proposta evolucionista, formas de vida precisariam dar lugar a outras formas de vida ao longo do tempo. Se isso não ocorresse, evolução não poderia acontecer.

Se todos os indivíduos de uma mesma espécie nunca morressem, eles sempre estariam perfeitamente adaptados ao meio onde eles existem. Portanto, não haveria a necessidade de haver uma luta pela sobrevivência, nem da atuação da seleção natural, ainda que houvesse variações, pois todas as formas variantes também estariam sempre perfeitamente adaptadas. Isso só não ocorreria se o processo fosse degenerativo – o que seria o oposto de um processo evolutivo.

A teoria da evolução depende da morte. Sem ela não existe a menor possibilidade científica de ser feita uma proposta aceitável sobre uma teoria evolucionista.

O Evolucionismo Teísta

A proposta que procura harmonizar a Teoria da Evolução com o Criacionismo Bíblico é conhecida como Evolucionismo Teísta.

Não vamos citar aqui os nomes dos vários proponentes, a

---

[2] Charles R. Darwin, *On the Origins of the Species by Means of Natural Selection or The Preservation of Favoured Races in the Struggle for Life*, London, John Murray, Albemarle Street, 1859.

não ser o de um dos mais conhecidos desse início do Século XXI, que é o Dr. Francis S. Collins, ex-diretor do projeto genoma humano e autor do livro "*A Linguagem de Deus*".[3]

Todos os tipos de propostas de Evolucionismo Teísta, desde o final do Século XIX até hoje, tentam explicar como Deus teria usado a evolução, tentando encaixar o registro fóssil e a coluna geológica ao relato bíblico.

Portanto, todos os proponentes do evolucionismo teísta têm de fazer uma leitura não literal de Gênesis 1, principalmente quanto à duração dos seis dias da criação.

Todos eles têm de admitir que a sequência evolucionista e a sequência bíblica não se harmonizam naturalmente, e que sempre haverá a necessidade de algum artifício não natural para que a harmonização possa "acontecer".

Mas independente do artifício utilizado para a suposta harmonização, existe uma incompatibilidade fundamental.

A Incompatibilidade Fundamental

A teoria da evolução é incompatível com as leis da natureza. As leis da termodinâmica afirmam claramente que o estado da natureza, tanto pontual quanto geral, é e sempre será degenerativo.

A teoria da evolução também é incompatível com a sequência de eventos de Gênesis 1.

Mas existe ainda uma incompatibilidade muito maior e mais fundamental entre a teoria da evolução e as Escrituras Sagradas.

Essa incompatibilidade está relacionada com a essência da mensagem bíblica, que é de redenção e restauração, sendo ela aplicada não somente aos seres humanos, mas também à natureza.

---

3 Francis S. Collins, *A Linguagem de Deus, um Cientista Apresenta Evidências de que Ele Existe*, Editora Gente, 2007 - ISBN-13: 9788573125290.

> A natureza criada aguarda, com grande expectativa, que os filhos de Deus sejam revelados. Pois ela foi submetida à inutilidade, não pela sua própria escolha, mas por causa da vontade daquele que a sujeitou, na esperança de que a própria natureza criada será libertada da escravidão da decadência em que se encontra, recebendo a gloriosa liberdade dos filhos de Deus. Sabemos que toda a natureza criada geme até agora, como em dores de parto. Romanos 8.19-22

O texto claramente afirma que a natureza encontra-se em um estado de degradação ("...escravidão da decadência em que se encontra...") e não em um estado de evolução. A afirmação bíblica é que o estado da natureza é degenerativo e não evolutivo.

A Bíblia afirma que a natureza foi submetida a essa situação ("...submetida à inutilidade..."), não por sua escolha. Em outras palavras, a natureza encontra-se numa situação de degradação por uma razão específica, e não por um simples processo ou lei natural.

Um Problema Insolúvel

Segundo as Escrituras Sagradas, a razão do nascimento, vida e morte do Senhor Jesus pode ser resumida em um único versículo:

"Pois o salário do pecado é a morte, mas o dom gratuito de Deus é a vida eterna em Cristo Jesus, nosso Senhor". (Rm 6.23)

Através desse versículo, percebe-se que a incompatibilidade se torna em um problema insolúvel.

Como já vimos, o princípio básico da evolução é a morte. Sem ela, qualquer proposta evolucionista não subsistiria. Ela é fundamental para o evolucionismo.

Mas qual é a origem da morte?

Essa é uma pergunta que a Bíblia responde claramente. A

origem da morte não está relacionada a alguma falha do projeto original feito pelo Senhor Deus, nem tão pouco relacionada a alguma falha de execução do projeto de criação por parte do Senhor Deus.

A origem da morte encontra-se na pessoa do Senhor Deus. Ele diz claramente ao homem, que ele havia criado no jardim no Éden, em Gênesis 2.16-17: "E o Senhor Deus ordenou ao homem: 'Coma livremente de qualquer árvore do jardim, mas não coma da árvore do conhecimento do bem e do mal, porque no dia em que dela comer, certamente você morrerá'".

A expressão "certamente você morrerá" traduzida literalmente é "morrendo morrerás".

Através dessa declaração, o Senhor está afirmando o que aconteceria com Adão no caso de uma desobediência. Essa declaração não se refere apenas a um ato, antes, a um processo que culminaria com a morte física.

E foi justamente isso o que Adão experimentou em sua vida (Gn 3.17-19; 5.4-5).

Portanto, a morte teve uma origem.

A morte, como processo, também teve um início.

Esse início aconteceu justamente no julgamento feito por Deus com respeito à desobediência de Adão.

Assim como Adão pecou, numa determinada hora, de um determinado dia, num determinado lugar, a morte também passou a fazer parte da história num determinado dia e numa determinada hora.

A Bíblia afirma que a morte entrou no mundo após o pecado de Adão e Eva, e não antes.

Se a morte não tivesse entrado no mundo, desde o princípio, então evolução não poderia ter ocorrido.

Se a morte tivesse entrado no mundo antes do pecado de Adão, então, ela não poderia ser o salário do pecado.

E se a morte não for o salário do pecado, qual seria a razão da vinda de Cristo?

Qualquer tentativa de harmonização entre a teoria evolucionista e as Escrituras Sagradas, sempre irá comprometer inteiramente uma das duas, fazendo que, uma ou outra, seja completamente falsa, nula ou absurda.

Não há possibilidade de harmonização entre evolução e o relato bíblico de Gênesis!

CAPÍTULO V

GÊNESIS 1.1 - O INÍCIO

"Para mim, fé começa com a compreensão de que uma inteligência suprema trouxe o universo à existência e criou o homem. Não é difícil para mim ter esta fé, pois um universo organizado e inteligente testifica a favor da maior afirmação jamais pronunciada: 'No princípio, Deus...'"[1]

Essa afirmação, feita pelo Nobel de física de 1927, Arthur Holly Compton, revela aquilo que deveria ser simplesmente o óbvio. Qualquer ser inteligente, ao estudar o universo, verá que a complexidade nele encontrada vai infinitamente além de qualquer possibilidade de um surgimento espontâneo por meio de causas aleatórias.

Uma Afirmação Irrefutável

"No princípio Deus criou os céus e a terra."
Não existe nenhuma outra afirmação irrefutável como esta. Você leu corretamente! Essa afirmação é irrefutável.
Talvez você esteja pensando no *Big Bang* ou em alguma outra "teoria" sobre a origem do universo. Mas não estamos tratando de teorias. Estamos tratando de uma única afirmação totalmente irrefutável: "No princípio Deus criou os céus e a terra."
Deixe-me ilustrar o que significa uma afirmação irrefutável, usando as palavras de George F. R. Ellis, professor emérito do

---

[1] Arthur H. Compton (10/09/1892 - 15/03/1962) - Prêmio Nobel de Física, 1927 - Efeito Compton.

Departamento de Matemática e Matemática Aplicada da Universidade de Cape Town, África do Sul:

> ... um Deus benevolente poderia, com facilidade organizar a criação do universo... de tal maneira que radiação suficiente pudesse viajar em nossa direção, das extremidades do universo, para nos dar a ilusão de um universo imenso, muito antigo e em expansão. Seria impossível para qualquer outro cientista na Terra refutar esta visão do universo de forma experimental ou mesmo observacional. Tudo o que ele poderia fazer é discordar da premissa cosmológica do autor.[2]

O que o Dr. Ellis quis dizer de forma objetiva é: não existe uma maneira empírica de provar que o universo não foi criado por Deus, da maneira como foi descrito nas Escrituras Sagradas. Tudo o que uma pessoa poderia fazer é discordar dessa afirmação, mas não refutá-la.

Posso afirmar aqui, sem medo de errar, que qualquer teoria que tente explicar a origem do universo será sempre uma teoria e não uma afirmação irrefutável.

Por exemplo, a teoria do *Big Bang* propõe uma explicação lógica para a origem do universo e para a complexidade que nele encontramos. Embora seja uma teoria amplamente aceita e considerada por muitos como a teoria mais abrangente e precisa, apoiada por evidência científica e observações, ela não é uma afirmação – muito menos uma afirmação irrefutável.

Não existe uma única explicação aceitável, dentro da teoria do *Big Bang* (ou mesmo de nenhuma outra teoria naturalista tratando da origem do universo), que possa explicar racionalmente como o universo teria vindo à existência a partir de um estado totalmente caótico e desorganizado.

Uma das poucas explicações que procuram oferecer algo

---

[2] George F.R. Ellis, "Cosmology and Verifiability", *Quarterly Journal of the Royal Astronomical Society*, 1975, 16, p. 246.

racional, aparece no livro de Stephen Hawking, *O Universo Numa Casca de Noz*: "Era de Planck. Leis da física estranhas e desconhecidas."³

Por que Hawking usou essa terminologia?

Porque as leis físicas conhecidas, como as leis da termodinâmica e outras, afirmam categoricamente que o universo não poderia ter vindo à existência como a teoria do *Big Bang* propõe. Segundo essas leis conhecidas, todos os sistemas encontrados na natureza, naturalmente irão de um estado maior de organização para um estado menor de organização, à medida que o tempo passar. Não existe nenhuma lei que demonstre que, naturalmente, um sistema possa caminhar na direção oposta, ou seja, do desorganizado para o organizado.

O que Hawking e os demais cosmólogos atuais propõem é nada mais que um milagre.

Observe que, a definição que temos para milagres é: leis físicas estranhas e desconhecidas.

Por exemplo, pelas leis físicas conhecidas, o Mar Vermelho não se abriria para a passagem do povo de Israel. Esse fato, do mar abrir, implica em leis físicas estranhas e desconhecidas (ou um milagre).

Você pode estar pensando: Esse argumento funciona também para o *Big Bang*! Mas não funciona!

Quais evidências os naturalistas teriam que o milagre do *Big Bang* teria acontecido?

No caso da Bíblia, milhares de pessoas foram testemunhas oculares do evento. Embora sendo um milagre, testemunhas presenciaram e puderam relatar aquilo que viram.

Este não é o caso do *Big Bang*.

Tempo, Espaço e Matéria

A primeira frase da Bíblia define a origem dos três elementos

---
3 Stephen Hawking. *O Universo Numa Casca de Noz*. (Editora Mandarim, 2001). p. 78.

básicos principais com os quais a Ciência trabalha: tempo, espaço e matéria. Veja a ordem: "No princípio (tempo) Deus criou os céus (espaço) e a terra (matéria)."

Sabemos que a "terra" do verso um não é o planeta Terra, pois no verso dois lemos que a terra estava sem forma e vazia. O planeta Terra tem uma forma.

Não existe até o presente momento nenhuma teoria científica que possa explicar o aparecimento dessas três entidades.

Sendo que os três encontram-se interligados, uma teoria que tente explicar o aparecimento de um deles deverá também explicar o aparecimento dos outros dois.

Eles são, por si mesmos, surpreendentemente estranhos e quase incompreensíveis.

Imagine-se segurando uma pedra. Você estaria segurando o quê? Uma pedra é feita de pequenas partículas que nós chamamos de átomos. As suas mãos também.

Esses átomos são formados de partículas menores que chamamos de prótons, nêutrons e elétrons. Desses, prótons e nêutrons são feitos de partículas ainda menores.

O que está acontecendo para fazer que as partículas da pedra sejam só da pedra e as partículas das suas mãos sejam só das suas mãos?

Um observador, com um microscópio muito possante, somente poderia ver quais partículas seriam as da pedra e quais seriam as da sua mão se houvesse um espaço entre elas. Mas se o espaço existe, então você não poderia estar segurando a pedra, porque não haveria contato!

O tempo também não é diferente.

Por que o tempo nunca para? O que o faz avançar numa única direção? Qual a menor fração de tempo possível para que algo continue a existir?

Talvez você esteja pensando que o tempo é algo perfeitamente compreensível. Mas não é. Só conseguimos medir o tempo porque coisas estão mudando ao nosso redor (como os ponteiros ou os dígitos do relógio, ou o nascer e o por do Sol).

Mesmo que houvesse espaço e matéria, se nada mudasse, um observador não saberia dizer se o tempo estaria passando ou não. Nesse caso, ele se tornaria a única referência, fazendo que somente nele o tempo fizesse algum sentido.

Antes do Antes

O tempo é uma quantidade física fundamental – existem outras seis. Ele é usado para comparar sequência de eventos, ou a duração desses eventos, ou ainda o intervalo entre esses eventos. Ele também é usado para medir variações de certas quantidades (como o movimento de um objeto, ou o seu deslocamento de um lugar para outro).

Tempo implica diretamente em mudança ou movimento. Sem isso não podemos percebê-lo nem medi-lo. O movimento dos ponteiros de um relógio nos auxilia a medir o tempo. As oscilações dos átomos de Césium 133 nos permitem medir o tempo através de um relógio atômico. A rotação da Terra ao redor do seu eixo nos permite medir a duração do dia, e, portanto, o tempo.

O tempo não é algo que pegamos e manipulamos.

Ele é apenas medido e não manipulado.

Antes de Deus ter criado o mundo não poderia ter havido o "antes", pois não haveria o que mudar. Não havendo mudança, não haveria como medir o tempo!

Percebemos assim que o tempo não poderia vir à existência por conta própria, pois algo teria de ter mudado para que o tempo existisse.

Se o "algo" não existia, o tempo também não poderia existir.

Somente com a criação do espaço e da matéria o tempo poderia ter passado a existir.

Veja como a nossa compreensão do significado do tempo é amplamente equivocada.

Você deve se lembrar da pergunta: Quando Deus surgiu?

Ou, quando Deus foi criado?

Para responder o "quando" você precisa de tempo. E para ter o "tempo" você precisa de mudança.

Antes da criação do mundo não havia nenhuma mudança. Portanto, não poderia haver tempo.

Assim, não poderia haver um "antes" antes do "antes", pois antes do "antes" só havia Deus.

Ele nunca surgiu, nem foi criado! O tempo, sim!

Deus e a Criação

O mistério da existência do Deus que se revela nas Escrituras Sagradas é algo por demais fascinante.

Tudo o que conhecemos e experimentamos está relacionado com o tempo, espaço e matéria.

Nós não sabemos o que é existir sem um desses três elementos básicos. Isso é assim porque nós não somos "Deus". Ele não necessita de nenhum deles para existir.

Eu e você não conseguimos existir fora do que foi criado. Nós só temos algum significado e existência dentro da criação e não fora dela.

Esse aspecto do Deus da Bíblia o torna único e diferente de todos os demais deuses, os quais são apenas criações da imaginação humana.

Deus não necessita de absolutamente nada de tudo aquilo que ele criou para a sua existência.

Como vimos a pouco, tempo implica em mudança. No entanto, o Deus que se revela por meio da Bíblia diz que ele não muda. Podemos dizer que essa é uma das razões apresentada pela Bíblia do porquê Deus não está no tempo e nem faz parte das coisas temporais: Ele nunca muda! (Hb 13.8)

Deus não vê o futuro porque ele não está preso ao tempo. Ele está o tempo todo em todo o tempo: no passado, no presente e no futuro.

O nome pelo qual Deus se revelou a Moisés revela também essa característica sua. (Êx 3.14)

Embora Deus não esteja no tempo, ele age no mundo que criou. As Suas ações e manifestações no mundo são temporais, embora ele não seja temporal.

Se não fosse a revelação bíblica, não seríamos capazes de fazer essa diferença. Certamente acharíamos que Deus seria tão temporal quanto nós o somos. E estaríamos completamente errados!

No entanto, a criação reflete muitas características do Deus que a criou. Suas marcas e assinatura são encontradas em todas as coisas criadas, como já vimos.

Todas as religiões dizem que um determinado deus teria sido o criador do mundo e de tudo o que nele há. A Bíblia também faz essa afirmação.

Mas se todas elas afirmam a mesma coisa, como saber qual está falando a verdade?

Observe novamente a afirmação de Gênesis 1.1, "No princípio Deus criou os céus e a terra."

Observe novamente os três elementos básicos, tempo, espaço e matéria. Toda a natureza depende desses três elementos.

O tempo existe. Ele se apresenta como passado, presente e futuro. O passado é tempo, o presente é tempo, e o futuro também é tempo. O tempo existe num sistema base três.

O espaço existe. Ele se apresenta como largura, altura e profundidade. A largura é espaço, a altura é espaço e a profundidade é espaço. O espaço existe num sistema base três.

A matéria existe. Ela se apresenta como sólida, líquida e gasosa. Novamente vemos que a matéria existe num sistema base três.[4]

---

4 Na física e na química, plasma é considerado um quarto estado da matéria. Na verdade, esse estado possui as características de um gás ionizado (que ganhou ou perdeu elétrons) e não de um estado específico que não fosse sólido, líquido ou gasoso. A terminologia é utilizada para descrever partículas que estejam suficientemente próximas para

Como já vimos, a natureza é base três!

A Bíblia é enfática em dizer que Deus é um só. Em outras palavras, existe um só Deus verdadeiro: Ele! Todos os demais deuses são falsos. (Is 45.5-6, 18, 20-21)

O Deus da Bíblia não é igual aos demais deuses, porque além dele ser único (um só), ele existe em três pessoas: o Pai, o Filho (Jesus Cristo) e o Espírito Santo.

Muitas religiões são politeístas (possuem muitos deuses). O cristianismo não. Ele possui apenas um Deus que existe em três pessoas.

São três pessoas, não três deuses.

Alguns me perguntam: Como isso é possível? Matematicamente não está errado? Afinal, 1 + 1 + 1 = 3.

A descrição bíblica do Senhor Deus está correta matematicamente.

Imagine um cubo cujo valor de cada lado (aresta) seja 1. Para que possamos determinar a totalidade desse cubo, nós não somamos as medidas dos três lados, 1 + 1 + 1 = 3! Nós multiplicamos o valor dos três lados para que possamos obter o seu volume, o qual representa a totalidade do cubo: 1 x 1 x 1 = 1!

1 + 1 + 1 = 3 é a somatória do politeísmo.

1 x 1 x 1 = 1 é a multiplicidade do Deus das Escrituras sagradas.

O Deus das Escrituras Sagradas se revela num sistema base três! Matematicamente falando: $1^3 = 1$!

Qualquer pessoa que estudasse a natureza e estudasse a Bíblia deveria chegar a essa conclusão tão óbvia: O Deus da Bíblia é o Criador de toda a natureza.

Alguns Mistérios da Criação

Como poderia Deus, sendo perfeito (Mt 5.48), sábio (Sl 104.24), poderoso (Jó 11.7), e o Criador de toda as coisas (Ap

---

influenciar outras partículas vizinhas e carregadas.

4.11), criar uma natureza sujeita ao decaimento?

Geralmente essa pergunta aparece nas seguintes formas: Se Deus fez todas as coisas, como é que existem pessoas, animais e plantas defeituosas? Por que as pessoas sofrem e morrem? Não foi Deus quem criou todas as coisas?

A resposta encontra-se na conversa do Senhor Deus com Moisés: "Disse-lhe o Senhor: 'Quem deu boca ao homem? Quem o fez surdo ou mudo? Quem lhe concede vista ou o torna cego? Não sou eu, o Senhor?" (Êx 4.11). Deus fez todas as coisas com um propósito específico. ("O Senhor faz tudo com um propósito; até os ímpios para o dia do castigo." Pv 16.4)

Qual seria o propósito do Senhor em criar um mundo que envelhece e se acaba?

Primeiramente precisamos entender que a natureza foi criada com o potencial de eternidade, ou seja, de durar para sempre. Deus disse a Adão que no dia em que ele desobedecesse ao Senhor e comesse da árvore que Deus lhe havia dito para não comer, ele morreria (literalmente, morrendo morreria), Gênesis 2.16-17.

Em segundo lugar, precisamos entender que a natureza foi criada para ser sempre dependente do Senhor Deus. Observe que as plantas foram criadas no terceiro dia e o Sol foi criado no quarto dia. As plantas dependiam de Deus e não do Sol.

Coloquemos juntas, as duas propostas e o conhecimento das leis da termodinâmica.

Essas leis afirmam que, sendo a energia do universo constante, a sua entropia (capacidade de desorganização) sempre tenderá para um máximo.

Em outras palavras, se deixarmos a natureza por conta própria a sua tendência será de deteriorar-se.

Essas leis explicam porque a natureza se comporta da maneira como nós a observamos.

Mas voltemos novamente à proposta básica dessas leis, "se a energia do universo for constante, então..."

O "então" somente ocorreria "se" a energia do universo for constante.

Mas e se ela não fosse constante?

Se você é físico, como eu, você perguntaria: Como assim? Energia não pode surgir do nada!

Correto!

No entanto, Deus é uma fonte inesgotável de energia. Enquanto ele estivesse graciosamente "derramando" energia na natureza, as leis da termodinâmica agiriam da seguinte forma: "Sendo que o universo está constantemente recebendo energia, então a sua entropia (capacidade de desorganização) sempre tenderá para um mínimo (ou zero)."

Isso significaria que toda a natureza existira sempre em completa perfeição. Mas isso somente seria possível "SE" o Deus que criou a natureza continuasse para sempre sendo a sua fonte inesgotável de energia.

Percebe-se que esse não é o caso hoje. As coisas envelhecem, se deterioram, se desfazem.

Mas não por erro de planejamento ou no planejamento!

Pelo contrário, Deus planejou todas as coisas de tal maneira que elas sempre seriam 100% dependentes dele, a fonte inesgotável de tudo aquilo que elas (e nós, seres humanos) precisaríamos para existir.

Dois Pensamento Finais Sobre as Leis da Natureza

O primeiro sobre a origem das leis da natureza.

A natureza é formada apenas por matéria e energia. Isso é um fato científico.

Matéria e energia obedecem as leis da natureza. Isso é um fato científico.

Matéria e energia não criam as leis da natureza. Isso também é um fato científico.

Portanto, sabemos que as leis da natureza não poderiam

ser criadas pela natureza, pois a natureza é formada apenas por matéria e energia! Isso é uma conclusão científica!

As leis da natureza foram criadas por Deus.[5]

O segundo sobre a relevância das leis da natureza.

São as leis da natureza que fazem que ela continue a existir. Colocando de outra maneira, sem as leis da natureza, a natureza não existiria.

A origem da natureza e das leis que regem a natureza é a mesma. E essa origem não é natural, mas sobrenatural.

Essa é uma conclusão simplesmente óbvia!

---

5 Henry Margenau e Roy Abraham Varghese, editores, "The Laws of Nature Are Created by God", *Cosmos, Bios, Theos*, (LaSalle, Il: Open Court, 1992), p. 61.

CAPÍTULO VI

GÊNESIS 1.2 – INTERPRETAÇÕES

"Era a terra sem forma e vazia; trevas cobriam a face do abismo, e o Espírito de Deus se movia sobre a face das águas."

Este versículo possui um grande número de interpretações.

Tratar de cada uma delas exigiria um livro por si só. E este não é o propósito.

Antes de buscarmos o significado do verso 2, precisamos responder à seguinte pergunta: O que Deus quer que nós saibamos através desse versículo?

Para isso, veremos primeiramente o que o texto não quer dizer. Este aspecto nos ajuda eliminando possíveis interpretações equivocadas.

A Bíblia é o livro por meio do qual Deus se revela ao ser humano. Tudo o que nela foi escrito tem como objetivo principal revelar a pessoa de Deus.

Assim, não podemos perder de vista que, em cada texto, Deus está se revelando de alguma maneira, não somente para um povo que viveu num determinado local e período da história, mas para todos os povos, de todos os locais e de todos os períodos da história.

Portanto, o significado do que foi escrito é muito mais relevante, pois vai além das barreiras geográficas e culturais dos povos. Se não fosse assim, a Bíblia não poderia ser utilizada por outros povos além daquele para o qual ela foi escrita.

No entanto, pela revelação de Deus, ela foi entregue, por

meio de um povo específico, que possui uma cultura e língua específica.

A sua mensagem é válida para todos os povos, mas, a sua interpretação, deve ser feita dentro do contexto da cultura e da linguagem dos judeus.

Sabendo que o propósito de Deus através da Bíblia é revelar-se ao homem, quando Deus trata das origens, o alvo não é estabelecer todos os detalhes, antes, dar um plano referencial adequado para o nosso conhecimento dele e da nossa origem.

Era Sem Forma e Vazia

A palavra hebraica אֶרֶץ "*erets*" aparece logo no primeiro versículo da Bíblia: "No princípio criou Deus os céus e a terra (*erets*)".

O vocábulo *erets* possui várias possíveis traduções.

Em Gênesis 1.10 ela significa "a porção seca do planeta" ou o continente primordial conhecido por Pangéia. No verso 12 ela significa "solo". No Salmo 24.1, significa o planeta habitado pelo homem: "Do Senhor é a terra e tudo o que nela existe, o mundo e os que nele vivem." Isto pode ser visto claramente pela estrutura da construção da frase, "... e tudo o que nela existe...", como também pela estilo poético hebraico, que repete a mesma ideia "... o mundo e os que nele vivem."

Independente da tradução da palavra *erets*, a importância está no "sem forma e vazia".

Observe, não faz diferença a tradução utilizada: "a porção seca estava sem forma e vazia", ou "ou solo estava sem forma e vazio", ou "o planeta estava sem forma e vazio". Todos têm o mesmo significado.

Essas duas palavras "sem forma e vazia" indicam o estado que a *erets* estava.

Que estado seria esse "sem forma e vazia"?

Esta mesma expressão ocorre em Jeremias 4.23, onde Deus

fala do estado que a terra de Israel haveria de se tornar.

O estado seria de completa desorganização.

Esse estado de desorganização seria causado pelo próprio Deus. Veja Jeremias 4.27-28.

Assim também, o estado de organização encontrado em Gênesis seria causado por Deus.

Em Jeremias, encontramos uma terra organizada pela cultura dos israelitas, que, em breve, ficaria totalmente sem forma e vazia pela atuação de Deus.

Em Gênesis, encontramos uma terra que estava sem forma e vazia, que, em breve, ficaria organizada pela atuação de Deus.

Portanto, o significado básico é o de um sistema desorganizado.

Talvez você esteja pensando que Deus não faz as coisas pela metade, ou seja, ele não criaria o mundo com uma forma desorganizada. Alguma coisa deveria ter acontecido para que o mundo estivesse ou se tornasse desorganizado como fala o verso 2.

Vamos tratar desse raciocínio na última parte desse Capítulo.

Por enquanto, perceba como Deus trabalha.

Em Gênesis 2 a Bíblia nos diz que Deus formou o homem do pó da terra (verso 7). Embora a palavra "terra" usada aqui não seja a *erets* dos versos 1 e 2 de Gênesis 1 (aqui a palavra é *adamah*), o princípio é o mesmo.

Deus pega algo que criara e que não fora ainda organizado na sua forma final, o pó da terra, e o transforma em algo organizado, o ser humano.

O *sem forma e vazia* do verso 2 simplesmente refere-se ao *estado* inicial e não a um estado posterior ou final.

Não existe uma razão, dentro do contexto da narrativa de Gênesis, pela qual o verbo ser ou estar (*hayah*) deva ser traduzido como tornar-se, pois o estado inicial não havia *se tornado* sem forma e vazio mas *era* ou *estava* sem forma e vazio.

Lembre-se de que foi Deus quem trouxe à existência esse estado inicial *sem forma e vazio*.

Trevas Sobre a Face do Abismo

A razão da existência das trevas é bastante simples: Deus ainda não havia criado a luz.

E que abismo seria aquele?

Primeiramente precisamos entender a expressão traduzida por "face" do abismo. Ela basicamente significa "sobre a face do" ou "da face do". Veja Gênesis 7.23, "Todos os seres vivos foram exterminados *da face da* terra..."

A palavra hebraica traduzida por abismo traz em si a ideia de profundeza.

A expressão "sobre a face do abismo" tem um significado muito mais complexo que estar "sobre a superfície de alguma coisa". E podemos entendê-la por meio de um exemplo.

Tente imaginar-se sobre a boca de um poço de milhões de quilômetros de diâmetro e bilhões de quilômetros de profundidade, e em completa escuridão.

Você não conseguiria ver as bordas do poço nem o seu fundo.

Você deve estar pensando: "Não consigo imaginar o que seria isso!" Isso é exatamente o significado de "trevas sobre a face do abismo." Temos aqui mais uma expressão sobre o estado inicial.

O Espírito de Deus Se Movia Sobre a Face das Águas

Existem muitas teorias científicas sobre a origem da água no universo, mas nenhuma, até o presente momento, que seja satisfatória.

Água é uma molécula composta por dois átomos de hidrogênio e um átomo de oxigênio. Ela é a molécula mais abundante no universo.[1]

É importante notar a quantidade dos elementos químicos

---

[1] Gary Melnick, Harvard-Smithsonian Center for Astrophysics (CfA): "Após vinte anos especulando que a natureza funcionaria dessa maneira, até finalmente ter um instrumento no espaço, ligado, direcionado para estas regiões e ver a confirmação - estamos vendo água em todas as direções." http://news.harvard.edu/gazette/1999/02.25/telescope.html

existentes na nossa galáxia: hidrogênio é o mais abundante (739.000 ppm), depois vem o hélio (240.000 ppm) e em terceiro lugar o oxigênio (10.400 ppm).[2]

O telescópio *Hubble* observou a existência de moléculas de água no quasar MGJ0414+0534, localizado a 11 bilhões de anos-luz da Terra.[3]

Segundo os evolucionistas, a luz desse quasar teria demorado cerca de 11 bilhões de anos para chegar até nós e o universo teria surgido há 13,7 bilhões de anos.

Portanto, segundo a interpretação evolucionista, em um universo primordial com menos de três bilhões de anos, já existiam estruturas complexas com moléculas de água. Em outras palavras, água já estava presente logo no início do universo.

A afirmação bíblica sobre a abundância de água no início da criação e a descoberta sobre a sua abundância no universo deveria despertar nossa curiosidade devido à estreita relação que fica assim estabelecida.

Tanto a Bíblia quanto a Ciência mencionam a existência de água nos primórdios do universo.[4]

Podemos fazer ainda mais uma inferência importante sobre esse texto, considerando o verbo רָחַף "*rachaph*", usado para descrever a ação do Espírito de Deus.

Ele ocorre três vezes em toda a Bíblia, e, somente uma outra vez empregando a mesma conjugação verbal (Piel) encontrada em Gênesis 1.2.

A conjugação do Piel afeta o significado da raiz do verbo, intensificando a ação verbal.

---

2 Ken Croswell (Fevereiro 1996), *Alchemy of the Heavens*. Anchor. Os valores são dados em ppm (partes por milhão) em fração de massa. Esses valores são referentes à Via Láctea e foram estimados espectroscopicamente.

3 C. M. Violette Impellizzeri et al, A gravitationally lensed water maser in the early Universe, *Nature* 07544, Vol 456 | 18/25 December 2008, p. 927.

4 Mas a Bíblia faz ainda uma afirmação muito mais arrojada quanto a origem do planeta Terra. Em 2 Pedro 3.5, o apóstolo afirma que: "... pela palavra de Deus, existem céus e a terra, esta formada da água e pela água."

O texto é Deuteronômio 32.11: "... como a águia que desperta a sua ninhada, paira (*rachaph*) sobre os seus filhotes, e depois estende as asas para apanhá-los, levando-os sobre elas."

Sem a conjugação do Piel, o significado do verbo é "crescer gentilmente". Com a conjugação do Piel, o significado passa a ser "pairar suavemente".

Essa descrição acentua a fragilidade do estado inicial da criação.

O Início do Primeiro Dia

Diante do que vimos até aqui, fica a seguinte pergunta: Sendo que Deus criou o mundo em seis dias, o verso 2 de Gênesis 1 teria feito parte desses dias ou deveria ser considerado um período à parte?

Essa pergunta poderia ser feita também de outra maneira: Em que verso começa o primeiro dia?

Antes de responder: "No verso 3!", vamos examinar a estrutura do relato do primeiro dia.

O texto (versos 3-5) diz o seguinte: "Disse Deus: 'Haja luz', e houve luz. Deus viu que a luz era boa, e separou a luz das trevas. Deus chamou à luz dia, e às trevas chamou noite. Passaram-se a tarde e a manhã; esse foi o primeiro dia."

Não deve existir nenhuma dúvida sobre o final do primeiro dia. Ele está bem claro no texto, verso 5: "Passaram-se a tarde e a manhã; esse foi o primeiro dia."

Vamos analisar, então, a estrutura do primeiro dia.

O ato principal da criação desse dia foi a luz, como nos mostra o verso 3. Deus trouxe à existência aquilo que os cientistas chamam de radiação eletromagnética.

Isso é muito interessante porque dentre as descobertas científicas do Século XX está a chamada Radiação Cósmica de Fundo (CMBR - Cosmic Microwave Background Radiation).

Ela foi descoberta em 1965 por Arno Penzias e Robert

Woodrow Wilson, dos Laboratórios *Bell Telephone*.

Observe que a Micro Radiação Cósmica de Fundo é uma evidência científica. A interpretação dessa evidência é que está aberta ao questionamento.

Segundo a interpretação evolucionista, essa radiação eletromagnética de fundo teria sido remanescente do *Big Bang*.

Independentemente da interpretação, pode-se observar que tanto as Escrituras Sagradas quanto as evidência científicas concordam: havia luz (radiação eletromagnética) no início do universo.

Esse aspecto de concordância não torna válida a teoria do *Big Bang* diante das Escrituras Sagradas, pois essa teoria não propõe a mesma sequência de eventos narrada pela Bíblia.

O que foi dito é que a evidência científica – Micro Radiação Cósmica de Fundo – e não a teoria científica – *Big Bang* – é compatível com a narrativa bíblica.[5]

Voltemos agora aos detalhes do relato sobre o primeiro dia.

Ainda no verso 5, o Senhor Deus chama a luz "Dia" e as trevas "Noite".

Com essa informação, podemos agora responder em qual verso começa o primeiro dia.

Sendo que no verso 3 o Senhor Deus cria a luz, (Disse Deus: 'Haja luz'.), resta-nos saber onde encontrar as trevas mencionadas no verso 5.

Veja que no verso 4 Deus separa a luz das trevas.

Agora não é difícil perceber a sequência de eventos: (1) trevas, (2) criação da luz, (3) separação entre luz e trevas, e (4) fim do primeiro dia.

Responda a pergunta: Em qual verso da narrativa bíblica você encontra "trevas" antes da "luz"?

A resposta é simples: No verso 2!

O primeiro dia começa no verso 2 e não no 3!

---

[5] É importante notar que a narrativa da criação possui elementos científicos, que podem ser percebidos por meio das observações científicas.

Algumas Teorias Sobre Gênesis 1.2

Talvez a teoria mais conhecida dentro do cristianismo, relacionada a Gênesis 1.2, seja a Teoria do Hiato.

Essa teoria coloca o verso 2 num espaço de tempo que antecede os seis dias da criação.

Alguns colocam milhões (ou bilhões) de anos geológicos dentro desse espaço de tempo para harmonizar a cronologia naturalista e os fósseis com o relato bíblico.

Essa versão é conhecida como Teoria da Ruína e Reconstrução. Thomas Chalmer (1780-1847), teólogo escocês e primeiro moderador da Igreja Livre da Escócia, foi, provavelmente, a pessoa responsável pelo surgimento da Teoria do Hiato.[6][7][8][9]

No entanto, o Rev. William Buckland (1784-1856), geólogo, paleontólogo e Deão de Westminster, popularizou a ideia.

Durante o Século XIX, em 1876, George Hawkins Pember (1837-1910) escreveu o livro *Earth Earliest Ages, and Their Connection with Modern Spiritualism and Theosophy*, o qual foi de grande influência na vida de muitos teólogos.

A Bíblia de Estudo de Scofield e a Referência Bíblica Anotada de Dake, são alguns dos exemplos mais comuns onde a Teoria do Hiato permanece como ensino.

As propostas básicas dessa teoria podem ser resumidas da seguinte forma: Num passado distante, Deus criou uma terra e os céus perfeitos. Satanás governava essa terra povoada pela raça de humanos sem alma. Ele morava no jardim do Éden (Ezequiel 28), mas se rebelou contra Deus desejando tornar-se como ele (Isaías 14). Com a queda de Satanás, o pecado teria entrado no mundo, trazendo o julgamento de Deus sobre a Terra em forma

---

6 W.W. Fields, *Unformed and Unfilled* (Collinsville, IL: Burgeners Enterprises, 1976), p. 40.
7 William Hanna editor, *Natural Theology*, Selected works of Thomas Chalmers, Vol.5 of 12 (Edinburgh: Thomas Constable, 1857), p. 146
8 H. Miller, *The Testimony of the Rocks* (New York: Boston, Gould and Lincoln, 1867), p. 143.
9 Alguns têm sugerido que a ideia original poderia ser encontrada nos escritos de um holandês chamado Episcopius (1583-1643).

de um dilúvio (indicado pelas águas do verso 2) e seguido por uma era glacial. Todos os fósseis humanos, de plantas e de animais encontrados hoje nas rochas, são desse dilúvio de Lúcifer e não possuem nenhuma relação genética com as plantas, animais e fósseis vivos sobre a terra atual.[10]

Nenhum comentário bíblico escrito antes do Século XVIII faz menção a um possível hiato de tempo entre Gênesis 1.1 e Gênesis 1.2. Portanto, essa é uma proposta recente.

Sendo que o alvo principal dela era harmonizar as descobertas das áreas da geologia e paleontologia com a narrativa bíblica, deveria, verdadeiramente, produzir tal harmonização.

Mas isso não ocorre.

Os fósseis são um exemplo. Na grande maioria, eles são exatamente iguais aos seus descendentes vivos ainda hoje.

A melhor explicação para os fósseis e as camadas sedimentares encontrados na coluna geológica é o dilúvio de Gênesis e não um suposto dilúvio de Lúcifer.

Mas o principal problema dessa teoria é teológico, como já foi visto no evolucionismo teísta: Como explicar a entrada da morte no mundo antes do pecado de Adão? Romanos 5.12 afirma: "Portanto, da mesma forma como o pecado entrou no mundo por um homem, e pelo pecado a morte, assim também a morte veio a todos os homens, porque todos pecaram;"

O segundo problema está relacionado com o tempo da queda de Satanás. Quando ele teria se rebelado contra Deus, antes da criação do homem ou depois da criação do homem?

Novamente, esta não é uma resposta difícil de ser encontrada.

O texto de Romanos 5.12 fala da entrada do pecado no mundo. A palavra grega traduzida por mundo é κόσμος (cosmos).

A entrada do pecado não aconteceu apenas no planeta Terra, mas no universo, depois da criação de Adão.

---

10 W.W. Fields, *Unformed and Unfilled* (Collinsville, IL: Burgeners Enterprises, 1976), p. 7.

Portanto, é obvio que Lúcifer caiu depois da criação do homem e não antes.

As razões são claras:

(1) Deus termina o sexto dia da criação dizendo: "E Deus viu tudo o que havia feito, e tudo havia ficado muito bom." Deus não poderia ter chamado de bom um universo onde o pecado já existia.

(2) O fato de Deus abençoar o dia 7 (Gn 2.1-3) e estabelecer um mandamento relacionado a esse dia (Êx 20.8-11) mostra que, no mundo criado por ele, não havia nenhum traço de pecado. Tudo o que foi criado por ele era perfeito e santo (Cl 1.15-17).

(3) O jardim no Éden foi criado no dia 6 e não antes (Gn 2.8). Dizer que Satanás governava o jardim no Éden antes de Adão ser criado não faz sentido, pois o jardim ainda não existia. Satanás passou a governar após a queda de Adão.

(4) A expulsão de Satanás ocorreu após a ressurreição de Cristo e não antes. Jesus disse: "Chegou a hora de ser julgado este mundo; agora será expulso o príncipe deste mundo." (Jo 12.31). Apocalipse 12.1-13 fala do "... filho, um homem, que governará todas as nações com cetro de ferro." Diz que esse filho "... foi arrebatado para junto de Deus e de seu trono." E que "... houve então uma guerra no céu...", sendo que o grande dragão, a antiga serpente chamada diabo ou Satanás, foi lançado na terra.

Quem é o filho varão? Quando ele foi arrebatado ao céu? Quem é o dragão? Quando ele foi expulso do céu e lançado à terra?

A resposta é clara!

CAPÍTULO VII

GÊNESIS 1 E 2 – DUAS CRIAÇÕES?

Várias interpretações têm sido dadas aos dois primeiros capítulos de Gênesis, numa tentativa de harmonizá-los, assumindo que exista uma necessidade de fazê-lo. Entretanto, isso não é necessário.

Gênesis 1 e 2 contam uma mesma história, como já vimos.

Para os interpretar corretamente, precisamos entender a estrutura sobre a qual eles foram estabelecidos.

Essa estrutura permeia toda a revelação de Deus.

Deus não revelou a totalidade do seu plano para a humanidade de uma única vez. Ele o fez gradativamente. A cada nova revelação, acrescentava mais detalhes ao que já havia sido revelado. Assim também ocorre com a estrutura de Gênesis 1 e 2.

Gênesis 1.1 resume a criação que será descrita no primeiro capítulo.

Gênesis 1.2-31 é uma expansão do que foi dito em Gênesis 1.1.

Gênesis 1.28-30 resume a criação do ser humano que será descrita no capítulo 2.

Gênesis 2.4-25 é uma expansão do que foi dito em Gênesis 1.28-31.

O Terceiro Dia

O terceiro dia da criação apresenta um aspecto científico de grande relevância.

Alfred Lothar Wegener (1880-1930) propôs que os continentes movimentam-se lentamente ao redor da Terra. Essa teoria ficou conhecida como *Teoria da Deriva Continental*. Ela foi proposta em 1912.

Segundo o Dr. Wegener, todos os continentes do planeta Terra estavam unidos no passado, em um único bloco, chamado por ele de *Urkontinent* (palavra alemã significando "a origem dos continentes"). Esse termo foi substituído pelo termo grego *Pangea* ("toda a terra").

Essa teoria somente recebeu consideração científica a partir de 1964, quando foi realizado o primeiro simpósio sobre esse tema pela *Royal Society*, na Inglaterra.

Foi essa teoria de Alfred Wegener que deu origem à moderna Teoria da Tectônica de Placas.

Embora existam diferenças quanto a origem das forças que causam o movimento das placas tectônicas, não existem divergências quanto a existência de um único continente primordial. Cem anos de muita pesquisa e de muitas evidências acumuladas atestam a favor dessa proposta.

As teorias atuais tentam demonstrar a existência de três possíveis supercontinentes ao longo da história do planeta Terra: Columbia, Rodinia e finalmente a Pangeia, Independentemente do que as pesquisas futuras irão revelar sobre a veracidade dessas propostas, um fato permanece: o planeta Terra, na sua origem, possuía um único continente e um único oceano.

É exatamente isso o que a Bíblia narra: "E disse Deus: 'Ajuntem-se num só lugar as águas que estão debaixo do céu, e apareça a parte seca'. E assim foi. À parte seca Deus chamou terra, e chamou mares ao conjunto das águas. E Deus viu que ficou bom." (Gn 1.9-10)

O que Deus chamou "terra" os cientistas chamaram de supercontinente (por exemplo, Pangeia). E ao que Deus chamou "mares", os cientistas chamaram de superoceanos (por exemplo, Pantalassa).

Milênios antes da Teoria da Tectônica de Placas ser formulada, o relato bíblico já falava da existência de um único continente primordial, de um único oceano e da deriva continental como vemos por inferência em Gênesis 10.25.

A Criação da Vegetação

Segundo os evolucionistas, as plantas terrestres teriam evoluído de formas mais simples, como as algas.

Estas, segundo eles, teriam surgido há um bilhão e duzentos milhões de anos, e teriam evoluído, dando origem às plantas terrestres cerca de quatrocentos e cinquenta milhões de anos atrás. Para eles, o último maior grupo de plantas a se desenvolver foi o das gramíneas, também conhecidas como capins, gramas ou relvas.

Segundo o relato bíblico a criação das plantas ocorreu simultaneamente:

> Então disse Deus: 'Cubra-se a terra de vegetação: plantas que dêem sementes e árvores cujos frutos produzam sementes de acordo com as suas espécies'. E assim foi. A terra fez brotar a vegetação: plantas que dão sementes de acordo com as suas espécies, e árvores cujos frutos produzem sementes de acordo com as suas espécies. E Deus viu que ficou bom. Passaram-se a tarde e a manhã; esse foi o terceiro dia. (Gn 1.11-13)

É importante notar no relato bíblico que a nomenclatura utilizada pelas Escrituras Sagradas não é a mesma utilizada pela taxinomia atual.

Deus chama de vegetação aquilo que chamamos de *Reino Plantae* ou Reino Vegetal.

A vegetação é composta por plantas que são formas de vida do tipo autotrófico (que produzem o seu próprio alimento), em cujas células encontram-se um ou mais organelas (estruturas com funções especializadas e delimitadas por uma membrana própria), especializados na produção de material orgânico a partir de material inorgânico e da energia solar, conhecidos como cloroplastos (que possuem a clorofila, o pigmento responsável pela cor verde).

Sendo que os cloroplastos são organelas presentes em células das plantas fotossintetizadoras, existe a necessidade de luz para que o processo de fotossíntese aconteça e a planta produza o seu alimento.

Como isso seria possível, segundo o relato bíblico, sendo que o Sol somente foi criado no quarto dia? Lembre-se de que estamos tratando aqui do terceiro dia.

Existem duas respostas principais.

A primeira foi expressa por Teófilo, bispo de Antioquia (cerca 181 A.D.), dizendo:

> No quarto dia os luminares foram criados. Sendo que Deus vê de antemão, Ele entendeu a tolice dos filósofos cretinos que iriam dizer que as coisas produzidas na terra vieram das estrelas, de forma que eles poderiam colocar Deus de lado. Mas para que a verdade pudesse ser demonstrada, plantas e sementes foram criadas antes das estrelas. Assim sendo, o que veio depois não pode ser a causa daquilo que veio antes.[1]

O que Teófilo propôs é a completa dependência de todas as coisas criadas do seu Criador. Essa afirmação é corroborada amplamente pela Bíblia, por meio de expressões do tipo: "...sustentando todas as coisas por sua palavra poderosa..." (Hb 1.3) e "Pois nele vivemos, nos movemos e existimos" (At 17.28a).

A natureza – sejam plantas, animais, seres humanos, ou

---

[1] Citado por Rick Roger em *Theophilus of Anthioch: the Life and Thought of a Second-Century Bishop*, Lexington Books, 2000, p.76.

corpos celestes, por exemplo – não foi criada para existir sem Deus. Toda a natureza existe por ele e é mantida por ele.

Essa é a proposta de Teófilo.

A segunda é mais de âmbito científico.

As plantas precisam de luz para produzir, por meio do processo de fotossíntese, o alimento que elas mesmas necessitam. No entanto, luz já havia sido criada no primeiro dia. Os corpos celestes não.

Assim, tanto do ponto de vista científico quando do ponto de vista teológico, não existe uma razão específica pela qual o relato bíblico da criação das plantas não possa ser aceito como verdadeiro.

O Sexto Dia

O sexto dia da criação parece não apresentar nenhum problema com respeito ao dia 3.

A leitura do texto é bastante clara: Deus cria os animais terrestres e o ser humano e dá a eles plantas específicas para alimento.

> E disse Deus: "Produza a terra seres vivos de acordo com as suas espécies: rebanhos domésticos, animais selvagens e os demais seres vivos da terra, cada um de acordo com a sua espécie". E assim foi. Deus fez os animais selvagens de acordo com as suas espécies, os rebanhos domésticos de acordo com as suas espécies, e os demais seres vivos da terra de acordo com as suas espécies. E Deus viu que ficou bom. Então disse Deus: "Façamos o homem à nossa imagem, conforme a nossa semelhança. Domine ele sobre os peixes do mar, sobre as aves do céu, sobre os animais grandes de toda a terra e sobre todos os pequenos animais que se movem rente ao chão". Criou Deus o homem à sua imagem, à imagem de Deus o criou; homem e mulher os

criou. Deus os abençoou, e lhes disse: "Sejam férteis e multipliquem-se! Encham e subjuguem a terra! Dominem sobre os peixes do mar, sobre as aves do céu e sobre todos os animais que se movem pela terra". Disse Deus: "Eis que lhes dou todas as plantas que nascem em toda a terra e produzem sementes, e todas as árvores que dão frutos com sementes. Elas servirão de alimento para vocês. E dou todos os vegetais como alimento a tudo o que tem em si fôlego de vida: a todos os grandes animais da terra, a todas as aves do céu e a todas as criaturas que se movem rente ao chão". E assim foi. E Deus viu tudo o que havia feito, e tudo havia ficado muito bom. Passaram-se a tarde e a manhã; esse foi o sexto dia. (Gn 1.24-31)

Somos informados que no sexto dia ocorreu, portanto, a criação dos animais terrestres e do ser humano.

Não são oferecidos detalhes dessa criação no capítulo 1, a não ser alguns fatos que estão relacionados à natureza e à função do ser humano.

A Criação do Jardim no Éden

Deus criou um lugar físico, geográfico e específico para que o ser humano fosse colocado.

Existem muitos detalhes sobre o jardim no Éden que nos foram dados no capítulo dois de Gênesis. Não saberíamos de nenhum deles se esse capítulo não fosse escrito.

Por exemplo, mencionamos no Capítulo I que todos os quatro braços do rio que nascia no jardim no Éden podem ser localizados geograficamente.

Sabemos que esse jardim não existe mais, foi destruído durante o dilúvio.

Existe ainda um pouco de confusão relacionada ao período de criação do jardim. Alguns acham que esse jardim foi criado no terceiro dia. Veremos no Capítulo XI que ele foi criado no sexto dia e não no terceiro.

A narrativa bíblica da criação do jardim no Éden procura esclarecer que ele foi fundamental dentro do processo de criação do ser humano.

Deus já havia criado as plantas no terceiro dia. Agora Deus cria um jardim, um lugar propício para que o ser humano pudesse desenvolver-se fisicamente e espiritualmente.

Podemos ver isso claramente pelo fato de Deus não somente ter colocado ali árvores frutíferas e árvores agradáveis aos olhos. Ele colocou também a árvore da vida e a árvore do conhecimento do bem e do mal. Deus iria criar um ser que seria não somente uma entidade biológica, mas uma entidade espiritual e moral.

Esses detalhes encontrados em Gênesis dois contrastam com a narrativa resumida do capítulo um. Não são duas narrativas tratando de duas criações. São duas narrativas tratando da mesma criação.

O que o autor está nos oferecendo são detalhes relevantes relacionados ao sexto dia, para que haja uma melhor compreensão de quem somos nós.

Uma possível ordem dos eventos do sexto dia seria a seguinte:

1. Deus planta um jardim no Éden, para os lados do leste, com todo tipo de árvore agradável aos olhos e boa para alimento, com a árvore da vida e a árvore do conhecimento do bem e do mal no meio do jardim. (Gn 2.8-9)

2. Deus cria os animais terrestres, os domésticos, os selvagens e os demais animais. (Gn 1.24-25; 2.19)

3. Deus cria o ser humano. (Gn 1.26-27)
    a. Deus cria o homem. (Gn 2.7)

b. Deus dá ordens sobre a árvore da vida e a árvore do conhecimento do bem e do mal. (Gn 2.16-17)

c. Deus disse que não era bom para o homem estar só e que lhe faria uma auxiliadora. (Gn 2.18).

d. Deus traz todos os animais para que o homem dê nome a cada um deles. (Gn 2.20)

e. Deus cria a mulher. (Gn 2.21-25)

f. Deus os abençoa e diz: "Sejam férteis e multipliquem-se! Encham e subjuguem a terra! Dominem sobre os peixes do mar, sobre as aves do céu e sobre todos os animais que se movem pela terra." (Gn 1.28)

g. Deus dá ordens gerais sobre a alimentação. (Gn 1.29-30)

Os relatos de Gênesis 1 e 2 não são dois relatos distintos de duas criações distintas. Eles são dois relatos complementares que não necessitam de nenhuma harmonização.

Ambos oferecem uma narrativa detalhada do sexto dia da criação, no qual Deus criou o ser humano, homem e mulher, à sua imagem e semelhança.

Trataremos desses aspectos nos próximos capítulos, porque existe uma riqueza de detalhes sobre os muitos aspectos da criação que precisam ser explorados minuciosamente.

Em cada um deles encontraremos algo relevante sobre a pessoa e o caráter de Deus.

A Criação do Ser Humano

Abordaremos a criação do ser humano de maneira mais detalhada no Capítulo XIII. Trataremos aqui somente de alguns aspectos gerais da criação do ser humano, para que possa ficar claro que o texto bíblico não faz referência a duas criações.

Os dois capítulos de Gênesis, ao descreverem a criação do ser humano, esclarecem muitos aspectos específicos sobre a natureza humana e sobre a pessoa de Deus.

A narrativa usada para a criação do ser humano em Gênesis 1 é: "Façamos o homem à nossa imagem, conforme a nossa semelhança."

Examinemos algumas características de Deus primeiramente. Percebemos que o Deus da Bíblia não criou o ser humano porque se encontrava solitário. Veja a expressão "façamos". Quando essa forma verbal é usada, na pessoa em que foi utilizada, deixa claro que alguém está falando com alguém. Não alguém diferente daquele que fala, mas alguém exatamente igual àquele que fala.

Deus não está falando com os anjos, pois os seres humanos não foram criados como os anjos. Podemos ver isso claramente no Salmo 8.5, "Tu o fizeste (o ser humano) um pouco menor do que os seres celestiais (anjos) e o coroaste de glória e de honra", e em Mateus 22.30, "Na ressurreição, as pessoas não se casam nem são dadas em casamento; mas são como os anjos no céu."

Sabemos que o Deus da Bíblia se revela em três pessoas. Não são três deuses, mas um só Deus em três pessoas. Já tratamos disso no Capítulo V.

Foi Teófilo que usou em seus escritos, pela primeira vez, a palavra Trindade com respeito a Deus. Essa palavra trata da Triunidade de Deus.

Sempre houve perfeita harmonia, amor e comunicação entre o Pai, o Filho e o Espírito Santo.

Vemos também as três Pessoas da Trindade Santa envolvidas no processo criador.

Mas também somos informados pelas Escrituras Sagradas que foi o Filho, a Segunda Pessoa da Trindade, quem trouxe à existência todas as coisas.

"No princípio era o Verbo, e o Verbo estava com Deus, e o

Verbo era Deus. Ele estava no princípio com Deus. Todas as coisas foram feitas por intermédio dEle, e, sem Ele, nada do que foi feito se fez." (Jo 1.1-3, JFARA) e ainda,

> Ele é a imagem do Deus invisível, o primogênito de toda a criação, pois nEle foram criadas todas as coisas nos céus e na terra, as visíveis e as invisíveis, sejam tronos ou soberanias, poderes ou autoridades; todas as coisas foram criadas por Ele e para Ele. Ele é antes de todas as coisas, e nele tudo subsiste. (Cl 1.15-17)

Esses textos falam claramente da pessoa do Senhor Jesus Cristo. Não existe uma outra possibilidade de interpretação. Ele, Jesus, trouxe à existência todas as coisas, tanto as visíveis quanto as invisíveis.

Foi dentro desse contexto de perfeita harmonia, amor e comunicação, que o ser humano foi trazido à existência. Deus não se sentia sozinho e por isso teve de criar o ser humano para comunicar-se. Deus não sentia a necessidade de amar e ser amado para então criar o ser humano, que pudesse amá-lo e ser amado por ele.

O ser humano foi criado, não por causa de alguma necessidade ou deficiência que Deus tivesse, mas, pela abundância de tudo aquilo que ele é.

Em outras palavras, nós, os seres humanos, não fomos criados para suprir alguma necessidade que o Senhor Deus pudesse ter, fosse ela intelectual, mental, emocional, afetiva, física, ou outra qualquer.

Deus nunca teve nenhuma necessidade que não fosse plenamente suprida nele mesmo! Deus nunca necessitou da criação ou de nenhum aspecto da criação que ele trouxe a existência.

Deus criou o ser humano como uma expressão da sua natureza divina. Deus é um ser espiritual e moral, e o ser humano foi criado com essas características.

Nós fomos criados à imagem e semelhança de Deus, segundo a narrativa de Gênesis 1. Contudo, Ele não nos criou deuses, pois fomos formados do pó da terra, como nos relata Gênesis 2.

Em Gênesis 1, descobrimos as áreas onde somos semelhantes a Deus. Em Gênesis 2, descobrimos as áreas onde somos diferentes de Deus.

Nesses dois capítulos, descobrimos quem somos e porque somos o que somos. Percebemos através deles que só podemos encontrar o verdadeiro significado da nossa existência no Deus que nos criou, porque nele, cada um de nós se depara com quem nos assemelhamos mais.

CAPÍTULO VIII

A DURAÇÃO DOS DIAS DE GÊNESIS

"Pois em seis dias o Senhor fez os céus e a terra, o mar e tudo o que neles existe, mas no sétimo dia descansou. Portanto, o Senhor abençoou o sétimo dia e o santificou."
Êxodo 20.11

A duração dos dias de Gênesis tem sido alvo de muitas discussões, e conteúdo de muitos livros, não pela complexidade do texto, mas pela sua interpretação.

Já vimos nos capítulos anteriores que se soubermos o que o autor não quis dizer, o nosso trabalho de interpretação do texto se tornará muito mais simples, além de não corrermos o risco de chegarmos a uma interpretação errada.

Vamos utilizar essa mesma metodologia aqui.

A Sequência de Eventos

Antes de analisarmos a duração propriamente dita, verificaremos os elementos básicos da narrativa.

Apenas para relembrarmos, a sequência de eventos descrita em Gênesis 1 é:

Dia 1: criação da luz e separação entre luz e trevas.
Dia 2: criação do firmamento e separação entre as águas acima do firmamento e abaixo do firmamento.

Dia 3: criação da porção seca e das plantas e separação entre terra (porção seca) e mares.
Dia 4: criação dos corpos celestes.
Dia 5: criação dos animais que voam e dos animais que vivem na água.
Dia 6: criação dos animais terrestres e do ser humano.

O texto mostra uma ordem natural, que contém muitos aspectos relevantes da narrativa.

Dos aspectos relevantes podemos destacar os dois grupos principais de eventos: dias 1, 2 e 3 e os dias 4, 5 e 6. Observe que o dia 7 não é um dia de criação como todos os demais. Os três primeiros dias são básicos. Os três últimos são complementares.

Veja a simetria.

No dia 1 Deus cria a luz. No dia 4, cria os corpos celestes. No dia 2 Deus cria o firmamento e faz a separação das águas. No dia 5, cria os animais que voam no firmamento e os animais que vivem nas águas. No dia 3 Deus cria a porção seca e as plantas. No dia 6, cria os animais e o ser humano, os quais vivem na terra seca, e lhes dá as plantas como alimento.

Aquilo que Deus criou no dia 1 foi fundamental para o que Ele trouxe à existência no dia 4. Aquilo que Deus criou no dia 2 foi fundamental para o que Ele trouxe à existência no dia 5. Da mesma maneira, aquilo que Deus criou no dia 3 foi fundamental para o que Ele trouxe à existência no dia 6.

Observe ainda a ocorrência da expressão "e viu Deus que era bom" em cinco, dos seis dias de criação. No dia 2, Deus não usa essa expressão. O fato dele não usá-la não significa que o que fez no dia 2 não era bom. Sabemos que era, porque Ele mesmo deixou escrito: "E Deus viu tudo o que havia feito, e tudo havia ficado muito bom." (Gn 1.31).

A sequência de eventos, contudo, não é condizente com a proposta naturalista-evolucionista. Notamos isso em vários pontos da narrativa.

Primeiramente a Terra já existia antes dos demais corpos celestes, os quais foram criados no dia 4. Uma tentativa de harmonização entre o relato bíblico e a proposta evolucionista, certamente teria que negar um para aceitar ao outro. Pois se o Sol foi criado antes da Terra, como diz a teoria naturalista, a sequência de Gênesis 1 estaria errada. Caso o Sol tenha sido criado depois da Terra, a teoria naturalista (teoria do *Big Bang*) estaria errada. Não há como harmonizar, embora alguns procurem dizer que o Sol, a Lua e as estrelas "teriam se tornado visíveis" no dia 4. Não é isso o que o texto diz. No verso 16 é dito claramente que Deus fez e não que Ele tornou visível algo que ele teria criado anteriormente.

A criação das plantas no dia 3 é um outro exemplo. Segundo a teoria naturalista as plantas terrestres teriam surgido após os seres marinhos (peixes e supostos protoanfíbios). Segundo o relato bíblico, as plantas terrestres foram criadas antes dos seres marinhos.

Novamente, vê-se que é impossível harmonizar as duas propostas, pois uma sempre estará errada em relação à outra.

Alguns procuram mostrar que a criação das plantas no dia 3 oferece um problema científico insolúvel, pois plantas necessitam de luz para que realizem o processo de fotossíntese.

Isso não seria nenhum problema porque, embora o Sol tenha sido criado no dia 4, a luz já havia sido criada no dia 1. Portanto, as plantas tinham a luz necessária para existirem.

A sequência descritiva, a relevância da ordem nela encontrada e a metodologia de avaliação demonstram os valores que o autor deseja transmitir aos seus leitores. Como vimos, essa narrativa é histórica e didática simultaneamente.

Os Métodos de Datação

A Ciência utiliza os métodos de datação para avaliar idades de objetos, fósseis e rochas, com o propósito de estabelecer uma linha de tempo histórica confiável.

O princípio de funcionamento dos métodos de datação é medir a variação de uma certa quantidade, a qual pode ser a quantidade de um elemento químico radioativo que teria se desintegrado em um fóssil ou em uma rocha, ou a quantidade de sedimentos que teriam acumulado no fundo de um lago, ou a quantidade de anéis de crescimento existentes no tronco de uma árvore. Esses são apenas alguns exemplos.

Os valores dessas medições são então comparados com uma escala de tempo para que uma possível idade seja obtida.

Geralmente, as idades obtidas por meio desses métodos, principalmente os radiométricos, são extremamente antigas. Os valores, em alguns casos, vão muito além de alguns bilhões de anos.

Isso não significa que a idade da amostra datada seja correspondente à idade real.

Para que a idade obtida pelos métodos de datação, conhecida como idade absoluta, seja verdadeiramente a idade real da amostra datada, dois fatores básicos precisam estar absolutamente corretos.

O primeiro fator está relacionado às escalas de tempo utilizadas. Essas escalas são usadas para comparar a quantidade medida com uma quantidade de tempo. Por exemplo: Quanto tempo passou para que uma certa quantidade de carbono-14 se desintegrasse? Ou quanto tempo levou para que uma quantidade de anéis de uma árvore crescessem? Ou quanto tempo passou para que uma certa quantidade de sedimentos fosse acumulada no fundo de um lago?

Não existe uma maneira de responder a cada uma dessas perguntas sem que algumas pressuposições sejam aceitas como verdadeiras. A verdade é que não existem escalas de tempo livres de pressupostos. Alguns, utilizados metodicamente, são altamente questionáveis.

O segundo fator está relacionado com a quantidade original daquilo que se está medindo.

Vamos tomar o método de datação por carbono-14 como

exemplo. Sabemos que a meia vida do carbono-14 é de 5.730 anos. Assim, se apenas metade da quantidade original estiver presente numa amostra, saberíamos que 5.730 anos teriam passado.

Parece simples, mas não é.

Para conhecermos a idade de uma amostra, utilizando o método de carbono-14, precisamos saber quanto de carbono-14 se desintegrou.

No laboratório é obtida apenas a quantidade que ainda existe na amostra. Portanto, seria necessário saber a quantidade inicial de carbono-14, quando a amostra foi formada, para aferir o quanto desintegrou. Tendo esse valor, pode-se calcular a quantidade que se desintegrou e quanto tempo decorreu desde o início do processo até agora.

Mas como saber a quantidade original inicial? Isso é algo praticamente impossível de ser conhecido empiricamente. Esse é o problema real, pois a dificuldade está justamente em determinar corretamente a quantidade inicial. Como dissemos, geralmente o seu valor está baseado em pressuposições, que podem ser totalmente tendenciosas.

No caso do carbono-14, assume-se que a quantidade desse elemento químico na atmosfera terrestre foi sempre constante. Porém, estudos recentes mostram que essa quantidade não foi constante o tempo todo.[1,2] Portanto, tal assunção, produziria datas com valores irreais.

---

1 No caso do carbono-14, que é produzido por meio de radiação cósmica bombardeando átomos de nitrogênio da atmosfera, o campo magnético terrestre se torna um fator predominante. A quantidade de carbono-14 produzida é inversamente proporcional à intensidade do campo magnético. Quanto maior for a intensidade, menor será a quantidade produzida. Existem outros fatores relacionados à meia-vida e à contaminação das amostras.

2 A intensidade do campo magnético terrestre está diminuindo. Veja as seguintes publicações. K.L. McDonald e R.H. Gunst, "An Analysis of the Earth's Magnetic Field from 1835 to 1965", *ESSA Technical Report*, IER 46-IES 1, U.S. Government Printing Office, Washington, 1967; e R.T. Merrill e M.W. McElhinney, The Earth's Magnetic Field (London: Academic Press, 1 983), pp. 101-06. Veja ainda Thomas G. Barnes, *Origin and Destiny of the Earth's Magnetic Field*, segunda edição (El Cajon, California: Institute for Creation Research, 1983).

No caso do carbono-14, sabemos que esses erros são pequenos dentro do período de tempo de até 5.000 anos atrás.[3]

Percebe-se que a precisão da idade obtida depende inteiramente desses dois fatores. Podemos afirmar com certeza que todas as idades apresentadas pelos métodos de datação apresentam um erro. Nem sempre é possível determinar o valor desse erro.

A razão, como já vimos, é que as datas apresentadas pelos métodos de datação não são idades reais. Apenas se as pressuposições estiverem corretas é que haveria uma possibilidade delas serem reais.

Datas diferentes para uma mesma amostra são obtidas quando métodos de datação diferentes são usados. Um exemplo desse tipo de discrepância aparece nas idades diferentes de uma rocha:

método potássio-argônio: cerca de 10 mil anos
método rubídio-estrôncio: cerca de 1 bilhão de anos
método urânio-chumbo: cerca de 2 bilhões de anos

Qual seria a idade dessa rocha?
A resposta é: Não sabemos!

Assim sendo, somente se as idades obtidas fossem idades reais haveria uma necessidade de conciliar as duas cronologias.

Portanto, todas as datas apresentadas pela ciência atual são, no mínimo, questionáveis.

Os Fósseis

Os fósseis são formas de vida (como plantas e animais) que viveram no passado cuja estrutura física foi preservada por meio dos vários processos de fossilização.

Assim, os fósseis são um registro histórico da vida que existiu no passado aqui no planeta Terra.

---

[3] C. B. Ramsey et al., "Radiocarbon-Based Chronology for Dynastic Egypt", *Science* Vol. 328 nº 5985, pp. 1554-57 (18 de Junho de 2010)

Os fósseis são encontrados principalmente em rochas sedimentares, gelo e âmbar.

Sem dúvida os fósseis de dinossauros são os que despertam maior curiosidade. O registro fóssil é uma evidência que esses animais verdadeiramente existiram.

Muitas pessoas acreditam que somente as formas de vida que estão extintas são encontradas no registro fóssil. Isso não é verdade.

Uma quantidade muito grande de plantas e animais, encontrada no registro fóssil, continua viva ainda hoje. Esse tipo de fóssil é conhecido como fóssil vivo.

Apenas para citar alguns exemplos, existem fósseis de coelhos, hienas, tigres, leopardos, veados, antílopes, crocodilos, pinguins, pandas, ursos, tartarugas, quaxinins, baleias, tubarões, caranguejos, camarões, formigas, baratas, libélulas, aranhas e de muitas plantas e flores conhecidas, impressionantemente idênticos aos seus contemporâneos atuais.

Contrário àquilo que os evolucionistas propõem, o registro fóssil mostra que plantas e animais existiram abundantemente no passado, em formas exatamente iguais ou muito semelhantes às atuais.

Como o registro fóssil também mostra que muitas formas de vida encontram-se extintas, a quantidade de vida animal e vegetal que os pré-diluvianos conheceram, deve ter sido muito maior que a quantidade que nós conhecemos hoje.

Longas Eras ou Dias Literais?

Podemos agora tratar a questão da duração dos dias de Gênesis 1.

Comecemos com a seguinte pergunta: Haveria necessidade de tentar conciliar as longas eras, apresentadas pela cronologia evolucionista, com os dias de Gênesis apresentados pela cronologia bíblica? A resposta é não!

Interpretar os dias de Gênesis como longas eras nada mais é do que uma preferência pessoal e não uma questão de não aceitar a evidência científica.

Alguns interpretam os dias de Gênesis 1 como sendo longos períodos de tempo, por achar que essa interpretação é compatível com o registro fóssil.

Podemos começar afirmando que o registro fóssil não apresenta nenhuma evidência a favor da teoria da evolução. O próprio Charles Darwin disse isso no seu livro *A Origem das Espécies*:

> ... o número de variedades intermediárias, as quais existiram previamente, [deveria] verdadeiramente ser enorme. Por que, então, as formações geológicas e cada um dos estratos não estão repletos destes tais elos intermediários? A geologia, sem dúvida, não revela tal cadeia orgânica finamente graduada; e isto, portanto, é a objeção mais óbvia e séria que pode ser levantada contra a teoria [da evolução].[4]

O registro fóssil mostra a existência de formas de vida altamente complexas e em grande diversidade convivendo simultaneamente (como dinossauros, aves e mamíferos) desde o início. Mas não mostra a "cadeia orgânica finamente graduada", indispensável para o estabelecimento da evolução proposta por Darwin e seus seguidores.

Portanto, não existe uma razão científica devidamente estabelecida e comprovada pela qual uma pessoa não deveria aceitar a literalidade dos dias de Gênesis 1.

Mas resta ainda o argumento linguístico: a palavra hebraica יוֹם (*yom*) traduzida por "dia". (Essa é a mesma palavra usada

---

[4] Charles R. Darwin, *On the Origin of Species by Means of Natural Selection*, publicado por John Muray, Londres, 1859, primeira edição, p. 280. Ver todo o Capítulo IX, "Imperfeições do Registro Geológico". (Publicado no Brasil pela Editora Martin Claret com o título "Origem das Espécies", 2004 [Nota do revisor]).

para o *Yom Kippur* dos judeus atuais). Esse vocábulo possui um significado muito claro: duração de tempo. Ele é utilizado em algumas passagens com um sentido diferente de um dia de 24 horas (Gn 2.4 e 4.3 – "Passado algum tempo (*yom*)...").

No entanto, todas as vezes que o vocábulo *yom* é usado em conjunto com as palavras "tarde e manhã", o seu significado fica limitado ao período de tempo de um dia literal (Nm 9.15; Dt 16.4).

Haveria assim a necessidade de que fosse provado que Gênesis 1 seria uma exceção à regra.

Em outras palavras, alguém que quisesse interpretar os dias de Gênesis 1 como sendo longas eras, baseando-se no vocábulo *yom*, teria que demonstrar que *yom* + "tarde e manhã" de Gênesis 1 não obedecem à regra encontrada em todo o Velho Testamento: dia de 24 horas.

Texto Dentro do Contexto

Todos os seis dias de Gênesis 1 são dias de criação. Algo foi trazido à existência por meio de um ato soberano do Senhor Deus. Em cada um deles Deus ordena e algo acontece. A resposta ao mandamento do Senhor Deus é sempre imediata (ver também Sl 33.9).

Não existe no texto a menor possibilidade de Deus ter ordenado e o seu mandamento ser cumprido apenas milhões ou bilhões de anos depois.

Esse tipo de raciocínio não encontra suporte nas Escrituras Sagradas. Veja os exemplos de ordem e resultado imediato na vida do Senhor Jesus quanto aos milagres que ele executou (Jo 5.8-9; 11.43-44).

Alguns procuram ainda usar o cumprimento de algumas profecias para afirmar que nem sempre o que Deus ordena ocorre imediatamente. Isso é completamente verdadeiro para profecias. Mas Gênesis 1 não é profético.

Existe também um argumento amplamente difundido dentro do contexto cristão: "Não se esqueçam disto, amados: para o Senhor um dia é como mil anos, e mil anos como um dia." (2 Pe 3.8)

O texto de 2 Pedro trata especificamente de Deus. O Senhor não está preso ao tempo como eu e você estamos. Deus está fora do tempo. Isso é o que o texto de Pedro nos ensina. Para Deus um dia é como mil anos e mil anos como um dia. O tempo não atua em Deus. Apenas em nós. Esse texto não trata de Gênesis 1 e sim de Deus. Não se pode usar um texto fora do seu contexto! Se uma pessoa tirar o texto do seu contexto, poderá interpretá-lo como quiser. Imagine alguém usando a frase, "Deus não existe"! (Sl 14.1 e 53.1)

Para demonstrar a literalidade dos dias de Gênesis, examinemos como a Bíblia os interpreta.

Vejamos o quarto mandamento:

> Lembra-te do dia de sábado, para santificá-lo. Trabalharás seis dias e neles farás todos os teus trabalhos, mas o sétimo dia é o sábado dedicado ao Senhor teu Deus. Nesse dia não farás trabalho algum, nem tu, nem teus filhos ou filhas, nem teus servos ou servas, nem teus animais, nem os estrangeiros que morarem em tuas cidades. Pois em seis dias o Senhor fez os céus e a terra, o mar e tudo o que neles existe, mas no sétimo dia descansou. Portanto, o Senhor abençoou o sétimo dia e o santificou. (Êx 20.8-11)

O texto nos diz que em seis *yom* Deus trabalhou criando todas as coisas e no sétimo *yom* descansou. O texto também nos diz que devemos trabalhar seis *yom* e descansar no sétimo *yom*, como Deus fez.

Sendo que *yom* significa período de tempo, como já vimos, qual deveria ser a quantidade de tempo atribuída a cada um desses seis períodos? Seis dias de 24 horas ou dias de milhares, milhões ou bilhões de anos?

Se o período de tempo atribuído aos dias da criação for de 24 horas, então deveremos trabalhar em seis dias de 24 horas e descansar em um dia de 24 horas.

Se o período de tempo atribuído aos dias de Gênesis 1 não for de 24 horas, então será impossível para qualquer ser humano guardar o quarto mandamento, pois não há ninguém que viva milhares, milhões ou bilhões de anos!

Qual seria então uma boa razão pela qual o Senhor Deus não teria criado todas as coisas em seis dias literais de 24 horas? Falta a Ele poder? Força? Capacidade? Inteligência? Sabedoria?

É óbvio também que, as razões não poderiam ser nem as datas apresentadas pela ciência evolucionista nem tão pouco a utilização do vocábulo "yom".

Eliminadas as possibilidades do que não poderia ser, ficamos somente com uma possibilidade: os dias são dias literais de 24 horas.

CAPÍTULO IX

A DIVISÃO DOS DIAS DE GÊNESIS

Como vimos no Capítulo anterior, os dias de Gênesis apresentam uma organização surpreendente, percebida por poucos.

Sendo que Gênesis 1 e 2 geralmente não são ensinados nas igrejas, muitos cristãos crescem com a impressão que esses dois capítulos não possuem um valor histórico e muito menos didático. Pelo que já foi dito até aqui, essa percepção deveria mudar.

Quando o apóstolo Paulo disse que "Toda a Escritura é inspirada por Deus e útil para o ensino, para a repreensão, para a correção e para a instrução na justiça, para que o homem de Deus seja apto e plenamente preparado para toda boa obra" (2 Tm 3.15-16), ele quis dizer TODA a Escritura, incluindo os dois primeiros capítulos de Gênesis.

Não é difícil entender porque esses dois capítulos são tão pouco pregados ou mesmo ensinados.

A ciência moderna, com todas as suas falhas e incoerências, tornou-se o livro texto pelo qual a verdade pode ser conhecida. Prefere-se aceitar aquilo que a ciência tem a dizer por meio dos seus "pregadores" do que aquilo que Deus relatou na sua Palavra. E são muitos os que têm feito assim.

Em outras palavras, eles "trocaram a verdade de Deus pela mentira, e adoraram e serviram a coisas e seres criados, em lugar do Criador, que é bendito para sempre. Amém." (Rm 1.25)

Assim, precisamos retornar ao ensino dado pelo Deus que

criou todas as coisas, para que saibamos como viver no mundo que Ele criou.

Precisamos desse ensino para nos relacionar com Ele e com a sua criação.

Os eventos descritos em Gênesis 1 e 2 revelam, na língua original, detalhes do processo criador de Deus, pelo qual Ele trouxe à existência todas as coisas.

Dois verbos hebraicos são utilizados com frequência no texto de Gênesis 1. São eles os verbos בָּרָא (*bara'*) e עָשָׂה ('*asah*).

Veja como eles são usados no primeiro capítulo:

v.1: No princípio Deus *bara'* os céus e a terra.

v.7: Então Deus '*asah* o firmamento e separou as águas que estavam embaixo do firmamento das que estavam por cima.

v.16: Deus '*asah* os dois grandes luminares: o maior para governar o dia e o menor para governar a noite; '*asah* também as estrelas.

v.21: Assim Deus *bara'* os grandes animais aquáticos e os demais seres vivos que povoam as águas

v.25: Deus '*asah* os animais selvagens de acordo com as suas espécies, os rebanhos domésticos de acordo com as suas espécies, e os demais seres vivos da terra de acordo com as suas espécies.

v.26: Então disse Deus: " '*asah* o homem à nossa imagem, conforme a nossa semelhança..."

v.27: *bara'* Deus o homem à sua imagem, à imagem de Deus o *bara'*; homem e mulher os *bara'*.

v.31: E Deus viu tudo o que '*asah*, e tudo havia ficado muito bom.

O verbo *bara'* foi traduzido para a língua portuguesa como "criar". O seu significado é trazer algo à existência daquilo que ainda não existe.

Já o verbo '*asah*, que foi traduzido como "fazer", possui o significado de trazer algo à existência daquilo que já existe.

Portanto, Deus trouxe algumas coisas à existência do nada; outras, daquilo que Ele mesmo já havia criado.

Para entendermos bem esse conceito, vamos usar a criação do ser humano como exemplo.

No verso 26 Deus disse "Façamos" (*'asah*) e no verso 27 Deus "criou" (*bara'*).

Afinal, Deus *'asah* ou *bara'* o ser humano?

A resposta é: ambos!

Veja em Gênesis 2.7 a narrativa da criação do homem: "Então o Senhor Deus formou o homem do pó da terra e soprou em suas narinas o fôlego de vida, e o homem se tornou um ser vivente."

O verbo hebraico traduzido por "formar" é יָצַר (*yatsar*). Esse verbo é o mesmo utilizado também em Gênesis 2.19: "Depois que formou (*yatsar*) da terra todos os animais do campo e todas as aves do céu..."

Tanto Adão quanto os animais foram trazidos à existência daquilo que Deus já havia criado: o pó da terra.

Mas qualquer similaridade entre os seres humanos e os animais termina justamente aqui.

A razão é bem simples.

A primeira parte do verso 7 explica o processo pelo qual Deus *'asah* o ser humano: do pó da terra.

A segunda parte do verso 7 explica o processo pelo qual Deus *bara'* o ser humano.

O ser humano "... se tornou um ser vivente" não de algo que já existia, mas pelo fôlego de vida que Deus soprara em suas narinas.[1]

Deus, portanto, trouxe certas coisas à existência do nada, e outras, trouxe à existência daquilo que Ele já havia criado.

---

1 A incompatibilidade da teoria da evolução com o relato bíblico fica mais uma vez bem clara. O ser humano não tem nenhuma ligação com os animais, embora Deus tenha formado tanto os seres humanos quanto os animais do pó da terra.

Esses dois verbos mostram claramente o processo de criação utilizado pelo Senhor Deus.

Por isso lemos em Gênesis 2.3: "E Deus abençoou o sétimo dia e o santificou: porque nele Ele descansou de toda a sua obra que Deus criara (*bara'*) e fizera (*'asah*)." (tradução literal).

Os Três Primeiros Dias de Criação

Vimos que Deus criou (*bara'*) e fez (*'asah*) todas as coisas em seis dias literais.

Como foi visto no capítulo anterior, existe uma ordem de eventos que não é aleatória. Existem sinais claros de planejamento por parte do Senhor Deus.

Vejamos agora cada um dos três primeiros dias:

No primeiro dia Deus traz a luz à existência.

A pergunta é: O que Deus criou?

A luz, do ponto de vista da física, nada mais é do que radiação eletromagnética. A luz visível é apenas uma pequena parte de toda a extensão (espectro) dessa radiação que o olho humano é sensível o suficiente para perceber.

Ao estudarmos a radiação eletromagnética, nós a compreendemos como se fossem ondas. Podemos usar as ondas do mar para ilustrar.

Se você medir a distância do "topo" de uma onda até o "topo" de uma outra onda que estiver vindo logo a seguir, você estará medindo aquilo que chamamos na física de comprimento de onda, ou seja, a distância existente entre duas ondas.

Esse comprimento é medido em bilionésimos de metro, ou seja, em nanômetros (na luz visível esse comprimento vai de 380nm, luz azul, até 780nm, que é o comprimento de onda da luz vermelha).

Se você fincar uma haste na água e observar quantas ondas passam pela haste por um período de tempo, você estará medindo a frequência.

Na física, essa frequência é medida em Hertz (símbolo Hz), ou seja, quantas ondas passam por segundo.

Na luz visível, são centenas de trilhões por segundo (Tera Hertz, THz, ou 10^{12}Hz). Para a luz azul a frequência é de 790 THz e para a luz vermelha é de 405 THz. Perceba que quanto maior for o comprimento de onda, menor será a frequência e quanto menor for o comprimento de onda, maior será a frequência.

Mas a luz visível não é o único tipo de radiação eletromagnética que existe. O chamado espectro é muito mais amplo. Ele começa com as frequências da radiação gama, 300 EHz (300 bilhões de bilhões por segundo ou 300×10^{18} Hz), indo até as frequências extremamente baixas de 3 Hz (3 por segundo).

Todas essas frequências são encontradas na natureza. Algumas encontradas apenas no espaço sideral, outras nos corpos celestes, outras nos elementos químicos radioativos e outras nas formas de vida.

O calor é em forma de radiação eletromagnética (radiação infravermelha). Nos dias nublados, muitas pessoas que estão nas praias acham que não precisam passar o protetor solar por que o Sol não está aparecendo. Essas pessoas confundem a radiação visível do Sol com a radiação infravermelha do Sol. A radiação que "queima" a pele é a radiação infravermelha e não a radiação visível do Sol. As nuvens não oferecem nenhuma barreira para a passagem dessa radiação infravermelha. Por isso que, mesmo com o céu nublado nos queimamos na praia sem a devida proteção.

Assim como o calor, temos os raios-x, radiação ultravioleta e muitos outros tipos de radiação.

Essas são as formas de radiação que foram criadas no primeiro dia.

Sabemos disso por questões bem simples. Para que haja água líquida, deve haver calor suficiente para que ela exista nessa forma. Calor, como já vimos é uma forma de radiação eletromagnética.

No segundo dia Deus fez separação entre as águas abaixo

do firmamento e as águas acima do firmamento. No terceiro dia Ele ajuntou as águas debaixo do firmamento em um só lugar e chamou esse ajuntamento das águas de Mares.

Portanto, parte da criação da radiação eletromagnética (luz) do primeiro dia incluía também radiação infravermelha.

No segundo dia Deus faz separação das águas.

Observe que o que Deus criou no segundo dia não foi a água. A água foi um dos elementos primordiais criados por Deus. Ela já existia no primeiro dia, como já vimos.

O que foi criado ('*asah*) no segundo dia foi o firmamento (רָקִיעַ, *raqiya*). (Gênesis 1.7)

O uso do verbo '*asah* indica que o firmamento foi trazido à existência de algo que já existia. Lembre-se de que quando Deus cria algo do nada, o verbo *bara'* é usado.

A Bíblia nos informa no seu primeiro verso que no princípio Deus criou os céus e a terra.

Esses três elementos básicos: tempo (no princípio), espaço (os céus) e a matéria (a terra), foram trazidos à existência no princípio e são fundamentais no processo de criação.[2] Quando Deus utilizou-se desses elementos básicos para trazer outras coisas à existência, o verbo utilizado foi '*asah*. Esse é justamente o caso da criação do firmamento.

O firmamento inicia-se na superfície da Terra e vai até o seu limite final, nas extremidades do universo.

Podemos afirmar isso baseados no contexto em que o termo "firmamento" é usado no primeiro capítulo.

No verso 8, Deus chama o firmamento de "Céus". No verso 14, Deus traz à existência os corpos celestes no firmamento. No verso 20, Deus cria as criaturas que voam sobre a terra, para voar sob o firmamento do céu.

A distinção ocorre principalmente no verso 20, onde lemos

---

[2] É importante mencionar aqui que, segundo a Bíblia, nenhum desses elementos é eterno. O tempo teve um início: ele não é eterno. A matéria teve um início: ela não é eterna. O espaço teve um início: ele não é eterno.

"... e as criaturas que voam acima da terra no firmamento aberto dos céus."

Esta distinção é coerente com o que lemos em 2 Coríntios 12.2, "Conheço um homem em Cristo que há catorze anos foi arrebatado ao terceiro céu. Se foi no corpo ou fora do corpo, não sei; Deus o sabe."

A existência de um terceiro céu deixa clara a existência de um primeiro e de um segundo. Obviamente o texto não está falando de uma ordem cronológica de existência, mas posicional.

O primeiro céu é o das criaturas que voam. Esse céu é o que chamamos de atmosfera.

O segundo céu é onde encontramos os corpos celestes, o Sol, a Lua e as estrelas. Esse céu é o que chamamos de espaço sideral.

O terceiro céu é o que as Escrituras Sagradas chamam de "paraíso". Esse é o céu para onde vão os que morreram em Cristo. Eles não vão para o espaço sideral morar em algum outro planeta, nem ficam vagando pela atmosfera da Terra, como "almas penadas".

No terceiro dia Deus ordena que as águas se ajuntem num só lugar e que a porção seca apareça.

Agora o planeta Terra tem uma atmosfera, uma única porção seca (um supercontinente, a Pangeia) e um único oceano (Pantalassa). Pelo fato de haver água líquida nesse oceano, o planeta Terra possui uma temperatura adequada para sustentar vida. Ele também possui luz (radiação eletromagnética) banhando a sua superfície. Ele também está girando ao redor do seu próprio eixo ("... houve tarde e manhã o primeiro dia.").

Tudo está preparado para que vida seja criada no planeta Terra.

E é justamente isso o que Deus faz. Deus diz:

> Cubra-se a terra de vegetação: plantas que dêem sementes e árvores cujos frutos produzam sementes de acordo com as suas espécies. E assim foi. A terra fez brotar a vegetação:

plantas que dão sementes de acordo com as suas espécies, e árvores cujos frutos produzem sementes de acordo com as suas espécies. E Deus viu que ficou bom. (Gn 1.11-12)

Temos aqui o aparecimento de todo o *Reino Plantae* (Reino Vegetal).

A classificação atual do *Reino Plantae* é feita assumindo que todas as plantas teriam vindo de um único ancestral comum. Ela também assume uma definição evolucionista do que poderia ser considerada uma planta.

No entanto, Deus não fez todas as plantas de uma única planta (um único ancestral comum). Ele cria muitas plantas segundo as suas espécies.

Portanto, precisamos ressaltar alguns aspectos muito importantes aqui.

O primeiro deles é que Deus viu que tudo o que havia feito no dia três, havia ficado muito bom.

Pelo relato bíblico entendemos que parte do *Reino Plantae* que observamos hoje é resultante da maldição de Deus sobre a Terra devido à queda do homem. Em Gênesis 3.18, Deus diz: "Ela lhe dará espinhos e ervas daninhas, e você terá que alimentar-se das plantas do campo."

Hebreus 6.8 deixa muito claro o significado da primeira parte desse verso: "Mas a terra que produz espinhos e ervas daninhas, é inútil e logo será amaldiçoada. Seu fim é ser queimada." A partir da queda do homem, a terra passou a produzir tipos específicos de plantas que são inúteis, segundo o padrão de perfeição de Deus. Isso é muito claro nesse texto, pois a palavra grega traduzida por inútil é ἀδόκιμος (adokimos), que significa "ser reprovado" ou "não passar no teste". A Bíblia não quer dizer com isso que essas plantas não têm uma função. O que a Bíblia diz é que elas não passam no teste de perfeição do Senhor Deus.

Um segundo ponto importante está na segunda parte do verso 18: "... você terá que alimentar-se das plantas do campo."

Vejamos primeiramente o que Deus diz sobre a alimentação dos seres humanos: "Disse Deus: 'Eis que lhes dou todas as plantas que nascem em toda a terra e produzem sementes, e todas as árvores que dão frutos com sementes. Elas servirão de alimento para vocês." (Gn 1.29)

A alimentação principal do ser humano era toda planta que produz semente e toda árvore que dá fruto com semente.

Mas após a queda, ele teria de se alimentar também das plantas do campo. A palavra traduzida por "plantas" (עֵשֶׂב, 'eseb no hebraico) significa ervas ou capins. (Veja o Sl 104.14, "É o Senhor que faz crescer o pasto para o gado, e as plantas ('eseb) que o homem cultiva, para da terra tirar o alimento.")

Um dos efeitos principais da queda do homem, resultado da maldição de Deus, foi que todas as formas de vida e o meio onde elas se encontram não mais funcionam no máximo da eficiência. Todas, incluindo o meio onde elas estão, sempre apresentarão algum tipo de imperfeição ou ineficiência.

Mas isso não era assim no final do terceiro dia. Tudo o que foi criado nele era perfeito e útil para os animais e para os seres humanos. Não havia uma única planta com sinais de imperfeição ou inutilidade.

Os Três Últimos Dias de Criação

Um resumo dos três primeiros dias seria o seguinte: no primeiro dia Deus cria a luz, no segundo separa as águas e cria o firmamento, no terceiro faz aparecer a porção seca, o oceano e as plantas.

Vejamos agora os demais dias.

No quarto dia Deus traz à existência os corpos celestes. Observe que o verbo hebraico utilizado foi 'asah. Novamente Deus está criando algo do que já havia sido criado anteriormente.

Isto significa que o material básico do qual as estrelas são formadas já havia sido trazido à existência anteriormente.

Veja como isso faz sentido cientificamente.

O elemento químico predominante numa estrela é o hidrogênio. O hidrogênio é também o elemento químico predominante na molécula de água (H_2O).

Observe que já havia água no dia primeiro: "... e o Espírito de Deus se movia sobre a face das águas." (Gn 1.2). O elemento químico necessário para a criação ('*asah*) das estrelas já existia.

Não estamos dizendo que as estrelas são ou foram feitas de água. O que dissemos é que o elemento químico do qual as estrelas são formadas já havia em abundância nas moléculas de água.

Alguns pontos que necessitam ser considerados aqui são apresentados nos versos 14 e 15: "Disse Deus: 'Haja luminares no firmamento do céu para separar o dia da noite. Sirvam eles de sinais para marcar estações, dias e anos, e sirvam de luminares no firmamento do céu para iluminar a terra. E assim foi."

Primeiramente, consideremos como seria possível saber a duração dos dias anteriores à criação do Sol.

Sendo que Deus criou o Sol, a Lua e as estrelas no quarto dia, muitos afirmam que não seria possível determinar a duração dos dias anteriores.

Isto não é verdade.

A duração do dia é determinado pela rotação do corpo celeste e não pela sua fonte de luz.

A fonte de luz facilita na determinação do tempo que um corpo celeste gastaria para dar uma volta ao redor do seu próprio eixo, mas não é necessária para medir esse tempo.

Existem muitas outras maneiras de medir a rotação dos corpos celestes.

Em segundo lugar, existem outras possíveis traduções para o versículo 14. Uma é a que foi usada no texto acima. Uma outra seria: "... para sinais, para estações, para dias e anos." Nesse caso, os corpos celestes serviriam também para sinais.

Pessoalmente creio ser essa a melhor tradução.

Lembremos o que os magos do oriente relataram: "Onde

está o recém-nascido rei dos judeus? Vimos a sua estrela no Oriente e viemos adorá-lo". (Mt 2.2)

A estrela que guiou os magos até Belém foi um sinal de que o Rei dos judeus havia nascido.

O próprio Senhor Jesus disse: *"Então aparecerá no céu o sinal do Filho do homem, e todas as nações da terra se lamentarão e verão o Filho do homem vindo nas nuvens do céu com poder e grande glória."* (Mt 24.30)

Existe ainda um outro ponto muito interessante no relato bíblico. Ele encontra-se no verso 17: "Deus os colocou no firmamento do céu para iluminar a terra."

O que esse texto quer dizer é que os corpos celestes foram colocados em posições específicas e estratégicas para o bem do planeta Terra.

Em outras palavras, o plano de referência cósmico apresentado pela Bíblia coloca a Terra no seu centro.

Isso não significa que todas as coisas "giram" ao redor da Terra. Não estamos falando do sistema geocêntrico. (Lembre-se do exemplo da inquisição feita a Galilei Galileu em 1616 A.D., quando este afirmou que a Terra é que girava ao redor do Sol e não o contrário.)

Um plano de referência (ou um sistema de coordenadas) é usado para medir a posição, a orientação e algumas outras propriedades de um objeto.

A escolha do centro desse plano de referência é feita levando-se em consideração a posição do observador.

Por exemplo, examinando o sistema Terra-Lua, o centro do plano de referência ideal é a Terra. Já no sistema solar, o centro do plano de referência ideal é o Sol. Considerando a nossa galáxia, o centro do plano de referência ideal é o centro da galáxia.

Somente um observador que estivesse fora do universo poderia dizer qual seria o centro do plano de referência ideal para ele.

Ninguém poderia afirmar categoricamente que a Terra não possa ser o centro ideal do plano de referência do universo.

Pessoas e cientistas podem discordar do que acabou de ser dito, mas eles não podem afirmar de maneira empírica que esse não seria o caso.

Portanto, a proposta bíblica que a Terra é o centro ideal para o plano de referência do universo permanece em pé, mesmo que muitos discordem.

Uma última consideração sobre a grandeza do nosso Deus. No verso 16 lemos: "Deus fez os dois grandes luminares: o maior para governar o dia e o menor para governar a noite; fez também as estrelas." Observe o detalhe: "... fez também as estrelas."

Para qualquer astrônomo, essa afirmação seria no mínimo assombrosa!

Sendo que existem três vezes mais estrelas no céus do que o número total de todos os grãos de areia de todas as praias e de todos os desertos do planeta,[3,4] como seria possível tal grandeza ser descrita de forma tão simples "... fez também as estrelas."?

Porque não exigiu do Senhor Deus um esforço imenso para criar toda essa quantidade inumerável de estrelas! Ele é Deus e não há outro que lhe seja igual!

Vejamos agora os dias cinco e seis. Eles narram a criação dos organismos biológicos que não pertencem ao *Reino Plantae*: os animais e os seres humanos.

Observemos algumas peculiaridades.

No quinto dia o Senhor Deus cria os animais que vivem na água e os animais que voam no ar: "Assim Deus criou os grandes animais aquáticos e os demais seres vivos que povoam as águas, de acordo com as suas espécies; e todas as aves, de acordo com as suas espécies. E Deus viu que ficou bom." (Gn 1.21)

Devido à tradução, precisamos novamente fazer

---

[3] http://articles.cnn.com/2003-07-22/tech/stars.survey_1_sextillion-big-number-universe?_s=PM:TECH (Acessado em 09/08/2011). Dr. Simon Driver e sua equipe calcularam o número de 7x1022 estrelas existentes no universo visível. Esse número é de 70 sextilhões, ou 70.000 milhões de milhões de milhões de estrelas!

[4] Pieter G. van Dokkum, Charlie Conroy. A substantial population of low-mass stars in luminous elliptical galaxies. *Nature*, 2010; DOI: 10.1038/nature09578

considerações importantes.

A primeira é que Deus criou os animais aquáticos. O verbo criar aqui é *bara'*. A água não produziu os animais aquáticos. Foi Deus que os trouxe à existência.

Muitos têm usado esse texto para dizer que a Bíblia mostra que a vida teria surgido na água.

O texto claramente nos afirma que tal proposta não é verdadeira. Deus criou a vida aquática. Ela não surgiu da água. Ela foi criada na água.

O verbo hebraico *bara'* mostra que Deus não criou a vida aquática de algo que criara anteriormente.

Ele simplesmente a trouxe à existência.

Um outro problema surge com a tradução da palavra hebraica עוֹף (*'owph*). Ela foi traduzida como "aves", mas o significado correto é "criatura que voa". O texto nos informa que Deus criou as criaturas que voam, e não somente as aves. Trataremos desse aspecto mais detalhadamente no Capítulo XII.

Chegamos finalmente ao sexto dia da criação.

"Deus fez os animais selvagens de acordo com as suas espécies, os rebanhos domésticos de acordo com as suas espécies, e os demais seres vivos da terra de acordo com as suas espécies." (Gn 1.25)

Antes de tratarmos das categorias de animais criados, observe novamente o que Deus disse: "... Produza a terra seres vivos de acordo com as suas espécies: rebanhos domésticos, animais selvagens e os demais seres vivos da terra, cada um de acordo com a sua espécie." (Gn 1.24). O mesmo também é dito no capítulo dois: "Depois que formou da terra todos os animais do campo e todas as aves do céu..." (Gn 2.19).

Todos os animais terrestres e as aves foram criados (*'asah*) da terra, como também o homem o foi.

Precisamos agora trabalhar com as categorias.

Será necessário fazermos algumas considerações sobre a taxonomia (classificação dos organismos vivos).

A ciência atual, sendo dominada pelo pensamento evolucionista, procura classificar os organismos vivos em categorias que supostamente indiquem uma evolução da espécie. Essa proposta nem sempre foi assim.

A divisão, originalmente proposta, por Carolus Linnaeus,[5] no Século XVIII, tinha como objetivo principal classificar os organismos em dois reinos: o reino animal e o reino vegetal, como ficaram conhecidos.

O sistema desenvolvido por Linnaeus classificava as formas de vida por meio de similaridades. Dois pontos importantes nessa classificação eram assumidos: (1) que os vários organismos vivos não eram provenientes de um único ancestral comum, mas sim de vários ancestrais comuns criados, e (2) que atualmente existiam variações desses ancestrais comuns.

Obviamente percebe-se que a primeira dessas duas pressuposições não é mais aceita, e que a segunda é parcialmente aceita.

Tentar criar uma harmonia entre a proposta taxonômica evolucionista atual e a proposta bíblica de classificação das formas de vida é algo impossível.

Precisamos então saber o significado bíblico da classificação das formas de vida criadas no sexto dia.

Comecemos com a expressão "de acordo com as suas espécies" que aparece na narrativa bíblica da criação das plantas e dos animais.

A palavra hebraica traduzida por espécie é מִין (*miyn*). Ela

---

5 Pouco é dito sobre o posicionamento criacionista e cristão desse renomado cientista e "Pai da Taxonomia". Linnaeus afirmava que muitos dos organismos vivos encontrados em seus dias eram exatamente iguais aos que haviam sido criados. Nos seus muitos livros frequentemente encontram-se frases como "Uma pessoa fica completamente estonteada com a incrível capacidade de recursos do Criador" e "Eu vejo o Deus infinito, onisciente e todo-poderoso por trás... Eu sigo as Suas pegadas pelos campos da natureza e vejo em todo lugar a Sua sabedoria e o Seu poder eternos, inescrutável perfeição." Na décima edição do seu famoso livro *Systema Naturae*, no verso da página de rosto encontra-se a citação do Salmo 104.24: "Quantas são as tuas obras, Senhor! Fizeste todas elas com sabedoria! A terra está cheia de seres que criaste." Caroli a Linné, *Systema Naturae per Regna Tria Naturae*, Lipsiae, 1788, Impensis Georg Emanuel Beer, 10ª Edição, segunda página.

significa um tipo básico, o qual seria um organismo cuja forma original seria geneticamente polivalente, capaz de produzir variações.

Por exemplo: Deus poderia facilmente ter criado um único tipo básico do qual os cães, os lobos, as raposas, os coiotes, os chacais e as hienas teriam sido descendentes.

O mesmo ocorreria com as raças de cães que conhecemos hoje. Deus não precisaria ter criado cada uma delas. Um único casal variante e proveniente do tipo básico original teria, ao longo do tempo, produzido todas as demais variações (raças). (Apêndice 09)

Note que isso não é evolução. Não estamos tratando de um único ancestral comum para todos os organismos vivos, como os evolucionistas propõem. Estamos tratando das variações que teriam ocorrido a partir de vários tipos básicos criados.[6]

Vemos que o termo espécie, usado pela taxonomia atual, possui um significado diferente do termo espécie usada pela Bíblia, muito embora ambos tratem das variações existentes nos organismos vivos.

Vejamos então o que foi criado no sexto dia.

O texto bíblico nos oferece três divisões naturais: (1) os animais selvagens, (2) os animais domésticos e (3) os demais seres vivos.

Os dois primeiros grupos são facilmente identificados: os animais selvagens e os animais domésticos.

A diferença entre esses dois tipos de animais fica evidente apenas na forma que eles se relacionam com o ser humano.

Essa diferença e a forma de domínio que o homem deve ter sobre esses animais serão estudadas no Capítulo XIII, quando

---

[6] Evolucionistas acreditam que pequenas variações teriam dado origem a grandes variações. Essa proposta é claramente falsa quando examinada do ponto de vista da genética, pois, o material genético de um organismo possui uma quantidade limitada de informação que pode ser traduzida em variações tanto adaptativas quanto não adaptativas. Isso significa que invertebrados sempre produzirão invertebrados, podendo haver variações, mas esses, de forma nenhuma, produzirão vertebrados.

tratarmos do mandamento de Deus para que o homem domine os animais.

O terceiro tipo mencionado no relato bíblico é o "... dos demais seres vivos".

O ponto principal é que eles não fazem parte do grupo dos domésticos nem do grupo dos selvagens. Eles são todos os demais. Trataremos deles no Capítulo XII.

Planejamento e Execução

Como dissemos, a ordem de criação não foi aleatória. Houve um planejamento: Deus primeiramente traz à existência certas coisas (*bara'*) para com elas formar outras (*'asah*).

Podemos observar uma simetria muito peculiar, nesse sentido, nos seis dias da criação, que demonstra claramente planejamento e execução.

No primeiro dia Deus cria a luz e faz separação entre a luz e as trevas.

No quarto dia Deus cria o Sol, a Lua e as estrelas.

No segundo dia Deus cria o firmamento e faz separação entre as águas.

No quinto dia Deus cria os animais aquáticos e os que voam na expansão do firmamento.

No terceiro dia Deus faz aparecer a porção seca, o oceano primitivo e cria as plantas.

No sexto dia Deus cria os animais terrestres e os seres humanos e estabelece que todos se alimentem de plantas.

A Importância da Ordem na Criação

Voltemos novamente a Teófilo de Antioquia (Século II). Ele escreveu entre os anos 169-183 A.D. uma obra defendendo o cristianismo: *Apologia ad Autolycum*, na qual ele procurava convencer o seu amigo pagão Autolycus da autoridade divina do cristianismo e do absurdo e da falsidade do paganismo. Ele usou como um dos seus argumentos a sequência da criação de Gênesis:

> No quarto dia os luminares foram criados. Sendo que Deus vê de antemão, Ele entendeu a tolice dos filósofos cretinos que iriam dizer que as coisas produzidas na terra vieram das estrelas, de forma que eles poderiam colocar Deus de lado. Mas para que a verdade pudesse ser demonstrada, plantas e sementes foram criadas antes das estrelas. Assim sendo, o que veio depois não pode ser a causa daquilo que veio antes.

O argumento que Teófilo usou para as pessoas do segundo século continua extremamente válido para as pessoas do Século XXI, que são constantemente ensinadas que nós somos formados apenas por poeira vinda das estrelas.[7][8]

Um Padrão de Qualidade

Observemos, ainda, mais um aspecto muito relevante da narrativa bíblica da criação: existe uma sequência de gerenciamento de processos através da descrição, da otimização e da avaliação do produto final.

Essa metodologia é empregada consistentemente em todos

---

[7] "O nitrogênio no nosso DNA, o cálcio nos nossos dentes, o ferro no nosso sangue, o carbono das nossas tortas de maçã foram todos produzidos no interior de estrelas que entraram em colapso. Nós somos feitos de coisas das estrelas." Carl Edward Sagan – Astrônomo

[8] "Cada átomo em nosso corpo veio de uma estrela que explodiu. E, os átomos na sua mão esquerda provavelmente vieram de uma estrela diferente que os da sua mão direita. É a coisa mais poética que eu sei sobre a física: Vocês são todos poeira das estrelas. Você não estaria aqui se as estrelas não explodissem, porque os elementos – o carbono, nitrogênio, oxigênio, ferro, todos que importam para evolução e para a vida – não foram criados no início do tempo. Eles foram criados em fornalhas das estrelas, e a única maneira para colocá-los em nossos corpos é se essas estrelas fossem dóceis o suficiente para explodir. Portanto, esqueça de Jesus. As estrelas morreram para que você pudesse estar aqui hoje." Lawrence Maxwell Krauss – Físico

os seis dias da criação: é feita uma descrição e uma otimização, seguida por uma avaliação.

No final dos seis dias, avalia-se o todo.

Como exemplo tomemos o primeiro dia.

Nele é descrito o que Deus fez: criou a luz. É feita também uma otimização: separação da luz e das trevas. E é feita uma avaliação do processo e do produto: E viu Deus que a luz era boa.

Essa metodologia foi utilizada em cada dia da criação, do primeiro ao sexto, com exceção do segundo dia, no qual não é mencionado "e viu Deus que era bom...". É feita apenas a descrição e a otimização. Isso não significa que o que foi criado no segundo dia não era bom. Sabemos que era, porque no final do sexto dia nos é dito: "E Deus viu tudo o que havia feito, e tudo havia ficado muito bom." (Gn 1.31)

Essa metodologia que foi utilizada por Deus em Gênesis é a mesma utilizada atualmente visando, por meio de padrões de qualidade no gerenciamento de sistemas, atingir a necessidade dos clientes.

Essa metodologia e esses padrões são publicados pela ISO (International Organization for Standardization).

A metodologia utilizada em Gênesis 1 é conhecida dentro da terminologia de qualidade como padrão ISO 9001:2000.

E ela está logo ali, no primeiro capítulo das Escrituras Sagradas!

CAPÍTULO X

A CRIAÇÃO DOS CORPOS CELESTES

Existem fatos simples, que, muitas vezes, parecem complicados, como também existem fatos complicados que, à primeira vista, parecem simples.

O estudo da criação dos corpos celestes envolve esses dois aspectos. Primeiramente queremos fazer algumas considerações relacionadas à nomenclatura, para entendermos corretamente o que foi criado no quarto dia.

Os gregos chamavam as estrelas de αστήρ (*aster*). Já os planetas eram chamados por eles de πλανήτης αστήρ (*planetes aster*) ou estrelas errantes, porque não permaneciam fixos no céu como as estrelas verdadeiras. Essas duas palavras são usadas em Judas no verso 13: "São ondas bravias do mar, espumando seus próprios atos vergonhosos; estrelas errantes (*planetes aster*), para as quais estão reservadas para sempre as mais densas trevas."

Existe ainda mais uma palavra que teve a sua origem na língua grega: desastre. Ela é a versão portuguesa da palavra grega δυσαςστήρ (*disaster*) – δυσ (má ou ruim) + αστήρ (estrela). A palavra era usada pelos gregos antigos no sentido de destruição ou catástrofe.

A língua portuguesa também possui uma série de palavras usadas pelos mais antigos que possuem um significado astronômico. Algumas dessas palavras são: estrela cadente e estrela com rabo.

Existe, no entanto, uma terminologia técnica apropriada

para descrever os corpos celestes quando abordamos temas que estão relacionados com a astronomia, a astrofísica e a cosmologia.

Vamos, portanto, descrever e definir uma lista básica de corpos celestes, utilizando essas duas terminologias: a técnica e a coloquial.

Estrelas: são corpos celestes massivos que produzem a sua própria luz. A composição química de uma estrela normal é de aproximadamente 71% de hidrogênio, 27% de hélio e o restante 2% de elementos químicos pesados. O número de estrelas no universo excede o número de todos os grãos de areia de todas as praias e de todos os desertos do planeta Terra. O Sol é a estrela mais próxima da Terra. (Ver Apêndice 2)

Galáxias: são sistemas celestes massivos contendo entre algumas dezenas de milhões de estrelas até centenas de trilhões. A Via Láctea é uma galáxia na qual o Sol é apenas uma das outras 200 a 400 bilhões de estrelas. Existem mais de 170 bilhões de galáxias no universo. No passado, devido à pouca resolução dos telescópios, as galáxias foram erroneamente nomeadas de "nebulosas". (Ver Apêndice 3)

Planetas: são corpos celestes que orbitam uma estrela e possuem massa suficiente para ter um formato esférico. A Terra é um dos oito planetas do sistema solar. (Ver Apêndice 4)

Asteroide: são pequenos corpos celestes orbitando o Sol. Eles também são conhecidos por planetoides e planetas anões. Dentro desse grupo são encontrados também os Centauros (entre Júpiter e Netuno), Asteróides Troianos de Netuno (possuem o mesmo período orbital de Netuno) e Objetos Transnetunianos (além de Netuno, por exemplo, Plutão). Nesse último são encontrados os objetos do Cinturão de Kuiper (também chamados cubewanos, por exemplo, Quaoar), do Disco Disperso (com órbitas irregulares, por exemplo, Eris) e da hipotética Nuvem de Oort (que seria uma nuvem de cometas). (Ver Apêndice 5)

Meteoroides: são nomes referentes aos objetos sólidos (metálicos ou rochosos) que se movem no espaço interplanetário. Geralmente são detritos com um tamanho mínimo de 0,1mm e um máximo de 50 m de diâmetro. Meteorito é a porção de um meteoroide que sobreviveu à passagem pela atmosfera e o impacto na superfície do planeta. Meteoro é a trajetória visível de um meteoroide que adentrou a atmosfera. Eles eram chamados de estrelas cadentes. (Ver Apêndice 6)

Cometas: são pequenos corpos celestes formados de gelo que orbitam o Sol. Eles possuem um núcleo que, quando próximo ao Sol, exibe uma atmosfera difusa (denominada coma) e uma cauda. Eles eram chamados de estrelas com rabo. (Ver Apêndice 7)

Luas: são satélites naturais que orbitam um planeta. A Lua é um exemplo. No sistema solar, até Julho de 2009, eram conhecidas 168 luas orbitando os seus os planetas. (Ver Apêndice 8)

Existem ainda outros termos que não serão considerados aqui. Diante dessa informação podemos estudar o que foi criado por Deus.

O Que Foi Criado no Primeiro Dia

Vimos no capítulo anterior que radiação eletromagnética foi criada no primeiro dia.

Ela nada mais é do que uma forma de energia que possui um comportamento igual ao de uma onda que se propaga na superfície do mar, sendo classificada de acordo com a sua frequência ou o seu comprimento de onda.

Vimos também que a luz visível é apenas uma pequena parte do espectro eletromagnético, do qual fazem parte a luz infravermelha, a ultravioleta, os raios-x, a radiação gama, as ondas de rádio e as microondas. Todas são formas de energia radiante.

Energia radiante, portanto, é o tipo de energia que se propaga na forma de onda eletromagnética. Ela é um dos mecanismos pelo qual energia pode entrar ou sair de um sistema considerado aberto. A atmosfera da Terra é um coletor natural de energia radiante do Sol.

Portanto, no primeiro dia o Senhor Deus trouxe à existência toda a energia manifesta em forma de radiação eletromagnética existente no universo.

Luz Antes das Estrelas

Muitas pessoas pensam erroneamente que luz visível só pode existir se houver um corpo celeste, como uma estrela. Isso não é verdade.

Luz visível existe no espaço sideral, independente de uma estrela.

Encontramos vários exemplos nas muitas regiões do espaço onde existe luminosidade produzida por nuvens de gases superaquecidos. Essas nuvens de gases emitem luz, mas não são estrelas, nem corpos celestes.

Portanto, a existência de luz, independente de corpos celestes, não oferece nenhum problema científico para o relato bíblico da criação.

Muito pelo contrário. Todas as teorias que trabalham com a origem do universo afirmam que antes da existência dos corpos celestes (estrelas, galáxias, etc.) teria existido energia (principalmente em forma de radiação eletromagnética).

Mesmo a teoria do *Big Bang* faz esse tipo de afirmação.

Contudo, a teoria do *Big Bang* não é compatível com o relato bíblico. Segundo ela, a Terra teria vindo à existência depois do Sol e não antes, como é o caso do relato bíblico.

Afirmar que a teoria do *Big Bang* se harmoniza com o relato bíblico não é verdade. Os que assim procedem geralmente não aceitam que os dias da criação tenham sido dias literais, mas sim longos períodos de tempo. Já tratamos desse aspecto anteriormente.

O Que Foi Criado no Quarto Dia

A luz visível e os corpos celestes são duas coisas distintas (inclusive áreas de estudos separadas), embora luz visível seja produzida também por corpos celestes.

Podemos agora considerar mais especificamente o que foi criado no quarto dia.

O relato bíblico nesse aspecto é muito claro. Podemos afirmar, sem qualquer dúvida, que a maioria dos corpos celestes conhecidos e estudados pela ciência atual, como os planetas, as luas, as estrelas e as galáxias, foram trazidos à existência nesse dia.

Algo muito interessante sobre isso é que o relato bíblico nos informa que todos esses corpos celestes foram trazidos à existência completos, complexos e perfeitamente funcionais. Eles não passaram por estágios evolutivos. Por exemplo, estrelas foram criadas estrelas, completamente e perfeitamente funcionais.

Podemos examinar a afirmação bíblica de duas maneiras diferentes.

Em primeiro lugar, a ciência conhece uma maneira de testar a veracidade dessa proposta. O raciocínio envolve a distância entre os corpos celestes e a Terra, e a luz proveniente desses corpos celestes.

Usaremos a proposta evolucionista para ilustrar.

Segundo a cosmologia evolucionista, as estrelas e as galáxias teriam evoluído ao longo do tempo. Portanto, se pudéssemos olhar logo no início do universo, certamente não veríamos estrelas ou galáxias, pois esses corpos celestes estariam nos estágios iniciais de desenvolvimento. Eles não deveriam existir prontos e funcionais.

Esse tipo de observação é possível através dos telescópios extremamente possantes, como os telescópios *Keck*, Gran Telescópio Canárias, *Large Binocular Telescope*, *Very Large Telescope*, o telescópio de *Hubble* e outros.

A explicação é a seguinte: a luz proveniente desses corpos celestes teria de percorrer toda a distância entre cada um deles e a Terra. Lembre-se de que existem galáxias que estão a milhões de anos-luz, assim como existem outras que estão a bilhões de anos-luz da Terra.

A luz que teria saído de uma galáxia "próxima", localizada a alguns milhões de anos-luz, teoricamente teria demorado milhões de anos para chegar até aqui. Assim, a imagem dessa galáxia que teria chegado aqui seria uma "fotografia" de como a galáxia era a milhões de anos atrás. Como as distâncias entre as galáxias e a Terra são diferentes, as imagens que recebemos delas deveriam ser todas igualmente diferentes, expressando épocas diferentes do desenvolvimentos dessas galáxias.

Assim, as mais distantes (localizadas a bilhões de anos-luz) deveriam ter a aparência de jovens, pois a luz teria uma distância muito grande a ser percorrida. Essa luz teria demorado muito tempo para chegar até aqui. Portanto, a luz proveniente dessas galáxias que chegou aqui, teria saído delas quando eram ainda muito jovens, quase no início da sua existência.

Já as mais próximas (localizadas a milhões de anos-luz) deveriam ter a aparência de maduras, pois a luz teria saído de lá há alguns milhões de anos, ou seja, bilhões de anos teriam se passado, desde o início do universo até o momento da saída da luz dessas galáxias que chegou até nós aqui na Terra.

Lembre-se de que estamos usando o raciocínio evolucionista, falando em bilhões de anos da evolução do universo.

Portanto, ao compararmos as imagens obtidas por telescópios – mesmo que houvesse um espaço de muitos anos entre a obtenção dessas fotos – deveríamos observar galáxias jovens e maduras. As jovens estariam distantes da Terra (a bilhões de anos-luz) e as maduras estariam próximas da Terra (a milhões de anos-luz).

Isso não ocorre! Independente da distância, as galáxias não apresentam idades diferentes.

Essas descobertas recentes têm sido amplamente documentadas nas mais diversas publicações científicas.

"As galáxias distantes são surpreendentemente semelhantes em muitos aspectos às suas descendentes consideravelmente mais próximas".[1]

"O paradoxo das galáxias adultas, num universo infantil."[2] – Citando uma grande quantidade de galáxias completamente maduras que se localizam tão distantes da Terra, que quando a luz saiu dessas galáxias em nossa direção, elas deveriam ser extremamente jovens.

"Descoberta de uma estrutura altamente desenvolvida (XMMU J2235.3-2557) num universo jovem. Milhares de galáxias avermelhadas e elípticas (galáxias velhas), a uma distância de 9 bilhões de anos-luz."[3]

"Seria como se encavássemos um sítio arqueológico em Roma e encontrássemos pedaços da Roma moderna entre as ruínas." – Fazendo referência à descoberta do agrupamento de galáxias CLG J02182-05102, com cerca de 60 galáxias (sendo

---

[1] NASA, "Hubble Takes Faintest Spectroscopic Survey of Distant Galaxies", http://hubblesite.org/newscenter/newsdesk/archive/releases/2004/49/text; NASA, "Hubble Uncovers New Clues to Galaxy Formation", http://opposite.stsci.edu, 1994. Ver também G. Schilling, "Galaxies Seen at the Universe's Dawn", *Science*, 1999, 283, p. 21.

[2] "The paradox: Grown-Up Galaxies in an Infant Universe", *Espace News Diges*, Volume 1: Issue 198; http://www.islandone.org/SpaceDigest/SpaceDigestArchive/SortingInProgress/SpaceNewsDigest.v01/v1no19

[3] The Future of Cosmology with Cluster of Galaxies, Apresentado em Kona, Hawaii, por Christopher Mullis. Ver no *The Astrophysical Journal*, "Discovery of an X-ray Luminous Galaxy Cluster at z=1.4" Março de 2005.

algumas delas dez vezes maiores que a Via Láctea), localizado aproximadamente a 10 bilhões de anos-luz (cerca de 4 bilhões de anos após o *Big Bang*) e contendo muitas estrelas vermelhas como as existentes nas galáxias maduras.[4]

"Descobrimos uma estrutura espetacular cujas propriedades são consistentes como sendo de um superaglomerado maduro com um desvio de z=2,07." – Referindo à descoberta do Superaglomerado CL J1449-0856, com redshift z=2,07 (cerca de 3 bilhões de anos após o *Big Bang*), onde não foram encontradas estrelas se formando, no entanto, as galáxias desse superaglomerado são todas maduras.[5]

"Astrônomos descobrem uma das galáxias mais distantes no universo, com estrelas que teriam se formado a 13,5 bilhões de anos atrás, uns meros 200 milhões de anos após o *Big Bang*. A descoberta trata das questões relacionadas com 'quando as primeiras galáxias surgiram' e 'como o universo primitivo teria evoluído'."[6] – Uma lente gravitacional (ampliação da luz proveniente de um objeto distante por meio da gravidade de um outro objeto) produzida pelo Aglomerado Abell 383, ampliou onze vezes a luz de um grupo de galáxias.

Essas galáxias, localizadas aproximadamente a 13,5 bilhões de anos-luz da Terra, teriam, segundo os evolucionistas, apenas 200 milhões de anos.

O que todas essas descobertas confirmam é que, independente da direção e da distância, todas as galáxias possuem uma estrutura madura, o que literalmente significa uma estrutura completa, complexa e funcional.

A Bíblia nos informa que todos os corpos celestes foram criados pelo Senhor Deus, no quarto dia, com todas essas características.

---

4 Casey Papovich et al, "Ancient City of Modern Galaxies", *Texas A&M University News & Information* -11 de Maio de 2010.
5 Rafael Gobat et al., "A mature cluster with X-ray emission at z = 2.07", *Laboratoire AIM--Paris-Saclay*, 09 de Março de 2011.
6 Johan Richard et al, "NASA Telescopes Help Discover Surprisingly Young Galaxy", 12 de Abril de 2011, publicado no *Monthly Notices of the Royal Astronomical Society*.

Mas existe ainda uma segunda maneira de apresentar cientificamente essa proposta bíblica de uma criação completa, complexa e perfeitamente funcional.

Vamos usar para isso as palavras do Dr. George F. R. Ellis:

> ...um Deus benevolente poderia, com facilidade organizar a criação do universo... de tal maneira que radiação suficiente pudesse viajar em nossa direção, das extremidades do universo, para nos dar a ilusão de um universo imenso, muito antigo e em expansão. Seria impossível para qualquer outro cientista na Terra refutar esta visão do universo de forma experimental ou mesmo observacional. Tudo o que ele poderia fazer é discordar da premissa cosmológica do autor.[7]

Em outras palavras, não existe como provar que o universo não tenha sido criado.

Tudo o que se pode fazer é discordar dessa proposta, mas não refutá-la empiricamente ou mesmo experimentalmente.

As Estrelas que Adão Viu

Sendo que existe uma distância entre as estrelas, as galáxias e o planeta Terra, deve existir também um tempo necessário para que a luz percorra essa distância.

Fica então a pergunta: Quais estrelas Adão viu?

Vamos usar um exemplo para ilustrar essa questão.

O Sol é a estrela mais próxima da Terra. A distância entre a Terra e o Sol é de aproximadamente 150.000.000 km. A luz proveniente do Sol demora certa de 8,5 minutos para percorrer essa distância.

A estrela mais próxima da Terra, além do Sol, é chamada

---

[7] George F.R. Ellis, "Cosmology and Verifiability", *Quarterly Journal of the Royal Astronomical Society*, 1975, 16, p. 246.

Próxima Centauri, localizada a aproximadamente 4,34 anos-luz da Terra. Isso significa que a luz dessa estrela leva cerca de quatro anos e três meses para chegar até nós.

Tendo esse conhecimento, muitas pessoas geralmente concluem que Adão não poderia ter visto nenhuma estrela antes dos primeiros quatro anos. Ou seja, Adão teria de ter vivido cerca de quatro anos e alguns meses com um céu totalmente escuro durante a noite para que então a luz dessa estrela chegasse até aqui.

Muitos têm usado esse argumento para "provar" que os dias de Gênesis não poderiam ser literais ou que a Terra não poderia ter apenas alguns poucos milhares de anos de existência.

A pergunta que necessita ser respondida seria a seguinte: Deus criou somente as estrelas, ou Ele criou as estrelas com a sua luz chegando em todos os lugares?

A proposta apresentada pelo Dr. Ellis responde: Deus criou simultaneamente as estrelas e a luz de cada uma delas chegando até as extremidades do universo.

Alguns têm dificuldade para aceitar essa resposta como sendo científica.

Segundo eles, se Deus tivesse criado todas as estrelas com a luz de cada uma delas chegando até nós, a noite não poderia ser escura, pois com tantas estrelas, a luz que chegaria aqui faria que a noite fosse clara.

Embora esse argumento pareça refutar a proposta de uma criação por parte do Senhor Deus, que tivesse trazido à existência tanto as estrelas quanto a luz proveniente delas simultaneamente, ele, na verdade, não o faz.

Podemos tratar desse ponto usando o Paradoxo de Olber. Na sua forma original, esse paradoxo apresenta a mesma pergunta: Por que a noite é escura?

Sendo que o universo possui uma quantidade muito grande de estrelas, quando uma pessoa olha para o céu durante uma noite, independente do ângulo de observação, a direção do seu olhar deveria sempre terminar na superfície de uma estrela, não importa a distância que ela estivesse da Terra.

Portanto, a noite não deveria ser escura, pois em cada ponto do céu deveria haver uma quantidade de luz, por menor que fosse, proveniente de uma estrela e chegando até os olhos do observador.

Por que não é assim? Por que o céu é escuro à noite?

Uma explicação muito comum é que a luz, ao sair da superfície de uma estrela, passa por alterações na frequência original (conhecida como *redshift*). Isto acontece por meio da redução da energia da luz emitida. Quando essa luz chega até a Terra, ela já não possui as frequências da chamada "luz visível", portanto, os nossos olhos não conseguem detectá-la.

Uma outra explicação sugere que o universo não é totalmente transparente. Sabemos que nele existe muita "poeira cósmica". Assim, alguns têm postulado que a luz de muitas estrelas é absorvida por essa "poeira cósmica".

Ainda uma outra explicação sugere uma estrutura estelar baseada nos fractais, onde deveria existir uma estrutura hierárquica na qual a densidade média de uma região do espaço diminuiria à medida que a região considerada aumentasse.[8]

Todas essas explicações (e muitas outras) mostram a razão pela qual a noite é escura e que não existe nenhum problema científico com isso.

Portanto, mesmo que Deus criasse as estrelas com a luz de cada uma delas chegando em cada ponto do universo, inclusive na Terra, a noite, aqui, seria escura.

Mas ainda há um segundo argumento usado por alguns, contra a proposta da criação simultânea das estrelas e da luz proveniente delas. Ele é apresentado da seguinte forma: Deus

---

8 Essa proposta não tem sido aceita por muitos cosmólogos, embora seja uma resposta muito atraente e também convincente matematicamente, porque ela requer uma distribuição anisotrópica nas grandes escalas, ao passo que a teoria do *Big Bang* necessita de uma distribuição isotrópica. (Diz-se que um meio transparente é isotrópico se a luz atuar igualmente em todas as direções).

não engana as pessoas, portanto, não criaria um universo com a luz chegando até as suas extremidades "...para nos dar a ilusão de um universo imenso, muito antigo e em expansão."

A maneira como Deus criou as estrelas e a luz de cada uma delas já chegando em todos os pontos do universo não foi para iludir um observador.

Os corpos celestes, como já vimos, foram criados com um propósito específico de auxiliar o ser humano. Eles seriam para sinais, estações, dias e anos.

Criar os corpos celestes com a luz deles chegando até aqui foi a maneira mais propícia para que os seres humanos, criados por Deus, pudessem usufruir o mais rápido possível desse aspecto da criação. Podemos concluir que não existe nenhuma dificuldade científica para aceitar que no sexto dia da criação, Adão teria visto as estrelas criadas por Deus no quarto dia.

Por exemplo, quando uma pessoa desconhece a função de um objeto, ela dificilmente irá apreciá-lo ou dar a ele algum valor. O mesmo ocorre com esse aspecto da criação.

Concluimos, então, que Adão viu todas as estrelas que o Senhor Deus queria que ele visse. E foram muitas!

O Universo Visível

Dentro do conhecimento atual, ainda limitado, encontramos alguns fatos impressionantes. E os números a eles relacionados nos deixam totalmente boquiabertos.

Embora alguns já tenham sido mencionados previamente queremos relembrá-los dentro dessa "grande imagem" do universo visível.

- Tamanho: 93 bilhões de anos-luz. Um ano-luz equivale a 9,5 trilhões de quilômetros. Isso seria cerca de 900 bilhões de trilhões de quilômetros.
- Massa: 8×10^{52} kg. Esse número equivale a 8 mil trilhões de trilhões de trilhões de trilhões de quilos.

- Número de estrelas: entre 30 sextilhões a um septilhão. Esse número equivale cerca de três vezes o número de todos os grãos de areia de todas as praias e de todos os desertos do planeta Terra.
- Número de galáxias: aproximadamente 170 bilhões no universo observável.

Diante de tais números, encontramos os seguintes textos das Escrituras Sagradas:

> "A quem, pois, me comparareis para que Eu lhe seja igual? – diz o Santo. Levantai ao alto os olhos e vede. Quem criou estas coisas? Aquele que faz sair o seu exército de estrelas, todas bem contadas, as quais Ele chama pelo nome; por ser Ele grande em força e forte em poder, nem uma só vem a faltar." (Is 40.25-26 JFARA)

> "Quando contemplo os teus céus, obra dos teus dedos, e a lua e as estrelas que estabeleceste, que é o homem, para que dele te lembres? E o filho do homem, que o visites?" (Sl 8.3-4 JFARA)

CAPÍTULO XI

A CRIAÇÃO DAS PLANTAS

As plantas são organismos vivos que pertencem ao *Reino Plantae*. Existe uma grande variedade dentro desse grupo de organismos como as árvores, os arbustos, as flores, as ervas, as gramíneas, as videiras, as samambaias e os musgos. Elas são utilizadas pelos seres humanos principalmente como alimento, remédio, decoração e construção.

Uma das características principais desses organismos é a maneira como eles se alimentam. Suas células possuem uma ou mais organelas especializadas na produção de material orgânico a partir de material inorgânico e da energia solar. Essas organelas são conhecidas pelo nome de cloroplastos. Dessa forma, as plantas produzem o seu próprio alimento. Por isso elas são conhecidas como organismos autotróficos.

A produção do próprio alimento se dá principalmente por meio do processo de fotossíntese, que utiliza os tipos *a* e *b* de clorofila presentes nos cloroplastos.

Existem algumas espécies conhecidas que não realizam fotossíntese. Elas obtêm o alimento necessário de outras plantas fotossintéticas. Essas plantas que utilizam outras para a sua sobrevivência são as parasitas.

As orquídeas, embora sejam encontradas em árvores, não são parasitas. Elas utilizam as árvores somente como apoio para buscar luz. O mecanismo de alimentação que elas possuem é muito interessante. Ele utiliza o material em decomposição das árvores que fica acumulado no emaranhado das raízes.

As plantas são divididas em vários grupos, dependendo das suas características. Das mais de 300 mil espécies conhecidas, cerca de 280 mil são espermatófitas (plantas que produzem sementes).

Somente cerca de 5% de todo o registro fóssil encontrado é de plantas.

Segundo a teoria da evolução, as plantas teriam evoluído através de um processo lento de aumento de complexidade, que teria tido o seu início há um bilhão de anos. Essa proposta evolutiva teria obedecido a seguinte sequência por ordem de aparecimento (Apêndice 10):

• Algas – embora a grande maioria não seja mais classificada como pertencendo ao *Reino Plantae*, as algas verdes teriam sido os progenitores das plantas atuais. Na escala evolucionista, elas teriam surgido há 1 bilhão de anos.

• Briófitas – são plantas verdes sem raízes (possuem raizóides com pelos absorventes) e sem um caule ou folhas considerados verdadeiros. Elas não possuem tubos vasculares e não produzem flores. Na escala evolucionista, elas seriam as primeiras plantas terrestres que teriam evoluído das algas verdes há 450 milhões de anos (período Ordoviciano). Um exemplo seria os musgos.

• Pteridófitas – são plantas verdes que possuem caule, folhas e raízes definidos, mas não produzem sementes. Elas possuem tubos vasculares, mas também não produzem flores nem sementes. Elas se reproduzem por meio de esporos (uma célula envolvida por uma parede celular que a protege das condições ambientais). As samambaias são um exemplo. Elas seriam do mesmo período das briófitas.

• Espermatófitas – são as plantas que produzem sementes. Elas possuem uma estrutura diferenciada por raiz, caule e folhas. Elas também possuem um sistema vascular. Na escala evolucionista elas teriam surgido há 320 milhões de anos.

Os evolucionistas acreditam que o último grupo a ter evoluído foi o das gramíneas, há cerca de 40 milhões de anos.

Observe que as divisões são independentes da suposta evolução e das datas atribuídas. Cada um desses grupos possui características e qualidades específicas, as quais não são necessariamente evidências evolutivas.

Geralmente as variações adaptativas e as não adaptativas encontradas nas plantas são usadas como evidências a favor da evolução.

Mas essas variações são apenas manifestações do material genético já existente e, portanto, não podem ser consideradas como evidências evolutivas. Um exemplo prático é o gênero botânico Geum. Ele possui cerca de cinquenta variações, entre as quais está o Geum urbanum, conhecido no Brasil como erva-benta. Outras variações são encontradas na Europa, Ásia, África, Nova Zelândia, América do Norte e América do Sul.

O Que Foi Criado no Terceiro Dia

> E disse: Produza a terra relva, ervas que dêem semente e árvores frutíferas que dêem fruto segundo a sua espécie, cuja semente esteja nele, sobre a terra. E assim se fez. A terra, pois, produziu relva, ervas que davam semente segundo a sua espécie e árvores que davam fruto, cuja semente estava nele, conforme a sua espécie. E viu Deus que isso era bom. (Gn 1.11-12, JFARA)

O texto literal hebraico sugere três divisões de plantas, segundo as suas espécies: דֶּשֶׁא (deshe' - grama), עֵשֶׂב ('eseb - ervas que produzem semente) e עֵץ פְּרִי (periy 'ets - árvore frutífera).

Podemos observar nesta divisão que, sob a ordem de Deus, o solo produziu ('asah) três tipos específicos de plantas, cada um deles com um conjunto de características específicas e para um propósito específico.

O propósito fica claro nos verso 29 e 30 do capítulo um:

Disse Deus: "Eis que lhes dou todas as plantas (*'eseb*) que nascem em toda a terra e produzem sementes, e todas as árvores (*periy 'ets*) que dão frutos com sementes. Elas servirão de alimento para vocês. E dou todos os vegetais (*'eseb*) como alimento a tudo o que tem em si fôlego de vida: a todos os grandes animais da terra, a todas as aves do céu e a todas as criaturas que se movem rente ao chão". E assim foi. (Gn 1.29-30)

Para alimentar os seres humanos, o Senhor Deus criou todas as ervas (*'eseb*) que produzem semente e todas as árvores (*periy 'ets*) que produzem frutos com sementes. Para alimentar os animais, o Senhor Deus criou todas as ervas (*'eseb*).

É interessante notar que para os animais Deus deu as ervas, não necessariamente as ervas que produzem sementes.

Como mencionamos anteriormente, essa divisão também é feita pela taxonomia: existem plantas que produzem sementes (espermatófitas) e plantas que não produzem sementes (briófitas e pteridófitas).

O texto ainda afirma que Deus criou as plantas que produzem sementes segundo as suas espécies. Novamente a taxonomia divide as plantas que produzem sementes (espermatófitas) em dois grupos: as que produzem flores (angiospermas) e as que não produzem flores, mas as sementes ficam expostas (gimnospérmicas).

Voltemos para o uso da palavra espécie novamente. Queremos relembrar que embora o sentido do termo espécie, quando utilizado pela taxonomia, não é o mesmo que o utilizado pela Bíblia, em alguns casos, o sentido é muito parecido.

Tanto a Bíblia quanto a taxonomia usam o termo gramas (*deshe'*) de forma muito extensa. Na taxonomia as gramíneas incluem os capins, as relvas e as gramas propriamente ditas. Dentro da categoria das gramíneas encontramos o trigo, o centeio, a cevada, a aveia, o arroz, o milho, a cana-de-açúcar e o bambu.

Todas essas plantas foram criadas por Deus e têm sido usadas como alimento (grãos e pastagens para animais), bebida (cerveja e whisky), cobertura de casas (sapé), papel (papirus), combustível (produção de calor pela queima no fogo), vestimenta (folhas, trançados de capim e algodão) e utensílios (cestas de bambu).

O Que Foi Criado No Sexto Dia

Talvez você esteja se perguntando se eu não cometi um erro ao colocar esse tema aqui, pois as plantas foram criadas no terceiro dia e não no sexto dia quando Deus criou o ser humano e os animais.

Existem alguns aspectos do relato encontrado em Gênesis 1 e 2 que já abordamos. O capítulo dois é uma expansão detalhada daquilo que aparece em forma resumida no capítulo um.

Observe o texto:

> Esta é a história das origens dos céus e da terra, no tempo em que foram criados: Quando o Senhor Deus fez a terra e os céus, ainda não tinha brotado nenhum arbusto no campo, e nenhuma planta havia germinado, porque o Senhor Deus ainda não tinha feito chover sobre a terra, e também não havia homem para cultivar o solo. Todavia brotava água da terra e irrigava toda a superfície do solo. Então o Senhor Deus formou o homem do pó da terra e soprou em suas narinas o fôlego de vida, e o homem se tornou um ser vivente. Ora, o Senhor Deus tinha plantado um jardim no Éden, para os lados do leste; e ali colocou o homem que formara. Então o Senhor Deus fez nascer do solo todo tipo de árvores agradáveis aos olhos e boas para alimento. E no meio do jardim estavam a árvore da vida e a árvore do conhecimento do bem e do mal. (Gn 2.4-9)

Vejamos o que esse texto nos diz.

Primeiramente, somos informados que ainda não tinha

brotado nenhum arbusto do campo, e nenhuma planta havia germinado. A princípio essa afirmação parece ser uma contradição, pois vimos que no terceiro dia o Senhor Deus já havia criado as plantas.

Precisamos entender os detalhes. Observe que o texto diz que nenhum arbusto (שִׂיחַ - *siyach*) havia brotado no campo (שָׂדֶה - *sadeh*). Nenhuma dessas duas palavras foi usada anteriormente. O termo "arbusto" é usado na Bíblia para descrever a vegetação de lugares secos e áridos, como descritos em Gênesis 21.14-15, "... Ela se pôs a caminho e ficou vagando pelo deserto de Berseba. Quando acabou a água da vasilha, ela deixou o menino debaixo de um arbusto...". (Ver também Jó 30.4,7)

Vemos no versículo seis que uma neblina subia da terra e regava toda a superfície do solo. O jardim no Éden era uma região bem irrigada. (Veja também a menção feita em Gênesis 13.10, "Olhou então Ló e viu todo o vale do Jordão, todo ele bem irrigado, até Zoar; era como o jardim do Senhor, como a terra do Egito. Isto se deu antes do Senhor destruir Sodoma e Gomorra").

Percebemos que o escritor de Gênesis está citando um tipo específico de vegetação que não existia antes do Senhor fazer chover sobre a terra.

Além disso, o texto nos diz que "... nenhuma planta havia germinado...". A tradução literal é "... nenhuma erva (עֵשֶׂב - *'eseb*) do campo (שָׂדֶה - *sadeh*) havia germinado..."

A palavra erva (*'eseb*) já havia sido usada anteriormente para descrever um tipo específico de planta criada no terceiro dia.

No entanto, a expressão "erva do campo" só aparece no capítulo três, quando Deus diz: "Ela lhe dará espinhos e ervas daninhas, e você terá que alimentar-se das plantas (עֵשֶׂב - *'eseb*) do campo (שָׂדֶה - *sadeh*)." (Gn 3.18)

Depois da queda do homem e da maldição pronunciada pelo Senhor Deus, descritas no capítulo três, Adão teria que tirar o seu sustento das plantas do campo. E esse seria um trabalho árduo, como o Senhor mesmo disse: "... com sofrimento você se alimentará dela todos os dias da sua vida." (Gn 3.17) e "... Com o suor do seu rosto você comerá o seu pão..." (Gn 3.19). O testemunho dado pelos descendentes de Adão foi exatamente esse. Lameque, o pai de Noé, diz isso claramente em Gênesis 5.29, ao dar nome ao seu filho: "Deu-lhe o nome de Noé e disse: 'Ele nos aliviará do nosso trabalho e do sofrimento de nossas mãos, causados pela terra que o SENHOR amaldiçoou'."

Mas no sexto dia as coisas não eram assim.

O autor de Gênesis coloca esse texto para termos alguns parâmetros comparativos entre o que foi viver antes e depois da queda do homem.

O Jardim que Deus Plantou

Podemos agora estudar o jardim que Deus plantou no sexto dia, pois a narrativa bíblica diz que "... o Senhor Deus tinha plantado um jardim no Éden, para os lados do leste; e ali colocou o homem que formara. O Senhor Deus fez nascer então do solo todo tipo de árvores agradáveis aos olhos e boas para alimento..."

Quando Deus plantou esse jardim?

Existem dois aspectos importantes para a resposta dessa pergunta que precisam ser considerados.

O primeiro vem da afirmação "... o Senhor Deus tinha plantado um jardim no Éden."

Alguns poderiam pensar que esse jardim já havia sido criado por Deus no terceiro dia, assumindo que, tendo criado as plantas no terceiro dia, também teria criado o jardim no Éden. Mas a narrativa bíblica não oferece base para essa pressuposição.

A razão está na ação de Deus. No terceiro dia Deus não plantou: Ele ordenou que a terra produzisse as plantas.

A palavra hebraica traduzida por plantou (נָטַע - *nata'*) é a mesma utilizada em Gênesis 9.20, "Noé, que era agricultor, foi o primeiro a plantar (*nata'*) uma vinha."

O segundo aspecto vem da afirmação "O Senhor Deus fez

nascer então do solo todo tipo de árvores agradáveis aos olhos e boas para alimento..."

A palavra hebraica traduzida por "fez nascer" (צָמַה - *tsamach*) é a mesma traduzida por germinar no verso cinco.

Novamente olhamos para a ação do Senhor Deus.

No terceiro dia Deus trouxe à existência todas as plantas em um estado completo de desenvolvimento e maturidade, prontas para produzir sementes e frutos.

Isso é visto claramente no propósito de Deus de dar ao homem tudo o que este precisaria para cumprir os planos de Deus com a criação.

O jardim foi plantado para que o homem pudesse se alimentar dele imediatamente. Deus ordenou: "... Coma livremente de qualquer árvore do jardim,.." (Gn 2.16)

A ordem dos acontecimentos é muito importante.

Deus plantou um jardim no Éden no sexto dia e nesse mesmo dia trouxe Adão à existência. Faremos mais algumas considerações finais sobre o Jardim no Éden, na Conclusão.

Podemos agora examinar as duas árvores plantadas por Deus no jardim: a árvore da vida e a árvore do conhecimento do bem e do mal.

A Bíblia apenas menciona a existência dessas duas árvores. Ela não elabora sobre nenhuma delas em Gênesis.

Sabemos, pelo relato bíblico, que Deus não proibiu Adão de comer do fruto da árvore da vida quando ele foi criado. Mas depois da queda, Deus não permitiu que Adão pudesse comê-lo:

> Então disse o Senhor Deus: "Agora o homem se tornou como um de nós, conhecendo o bem e o mal. Não se deve, pois, permitir que ele também tome do fruto da árvore da vida e o coma, e viva para sempre". Por isso o Senhor Deus o mandou embora do jardim do Éden para cultivar o solo do qual fora tirado. (Gn 3.22-23)

Algumas outras menções sobre a árvore da vida são feitas em Apocalipse 2.7 e 22.2, 14, 19. Todas elas falam da capacidade dessa árvore de manter as pessoas vivas para sempre.

Embora alguns entendam como absurdo essa possibilidade de longevidade apenas alimentando-se do fruto de uma árvore, podemos ver através da ciência uma possibilidade perfeitamente plausível.

Sabemos que as plantas possuem capacidades medicinais. Sendo isso um fato científico, o que ele significa? Significa que elas possuem compostos químicos que interagem com o nosso corpo, tanto nas suas funções quanto na sua estrutura.

Por exemplo, as vitaminas, que são compostos orgânicos, são nutrientes fundamentais para o nosso organismo. O nosso corpo não sintetiza quantidades suficientes de vitaminas (algumas ele nem mesmo sintetiza). Por isso nós temos que obtê-las de outras fontes. Um exemplo é a vitamina C que favorece a formação de dentes e ossos e auxilia na resistência às doenças proporcionando, assim, um funcionamento adequado das células brancas no sangue, prevenindo gripes e infecções.

A ausência dessas vitaminas no organismo humano produz uma série de doenças conhecidas (como a anemia).

Portanto, não seria algo absurdo ou anormal que a Bíblia falasse da existência de uma planta (árvore) que pudesse providenciar tudo aquilo que um ser humano precisa para funcionar perfeitamente por tempo indeterminado. Se ao alimentar-se dessa planta, ele pudesse ter uma quantidade da enzima telomeraze produzida abundantemente no seu organismo, a reposição dos telômeros ocorreria constantemente, o que inibiria ativamente o processo de envelhecimento.

A "Morte" das Plantas

As plantas são organismos vivos e, portanto, sujeitas ao processo que chamamos de morte.

Sabemos que entre elas estão os organismos vivos de maior longevidade encontrados na face da Terra, como algumas árvores do estado de Nevada nos EUA. Uma delas, conhecida como Matusalém, possui um número de anéis anuais que equivaleria a mais de 4.800 anos – lembrando que existe a possibilidade de formação de mais de um jogo de anéis por ano. Mas ainda que todos fossem duplicações, essa árvore teria cerca de 2.400 anos, o que é também a idade de muitas sequóias, ciprestes e figueiras.

É muito interessante que a Bíblia não usa o termo "morte" para as plantas. Ela usa esse termo apenas para os seres humanos e animais. Podemos ver isso no relato do dilúvio de Gênesis:

> Todos os seres vivos que se movem sobre a terra pereceram: aves, rebanhos domésticos, animais selvagens, todas as pequenas criaturas que povoam a terra e toda a humanidade. Tudo o que havia em terra seca e tinha nas narinas o fôlego de vida morreu. Todos os seres vivos foram exterminados da face da terra; tanto os homens, como os animais grandes, os animais pequenos que se movem rente ao chão e as aves do céu foram exterminados da terra. Só restaram Noé e aqueles que com ele estavam na arca. (Gn 7.21-23)

A Bíblia não diz que as plantas pereceram ou mesmo que elas morreram.

Um exemplo ainda mais claro está registrado nos evangelhos:

> Vendo uma figueira à beira do caminho, aproximou-se dela, mas nada encontrou, a não ser folhas. Então lhe disse: "Nunca mais dê frutos!" Imediatamente a árvore secou. Ao verem isso, os discípulos ficaram espantados e perguntaram: "Como a figueira secou tão depressa?". (Mt 21.19-20)

Nós diríamos que ela teria morrido. A Bíblia diz apenas que ela secou.

Existe uma distinção feita nas Escrituras Sagradas sobre as formas de vida biológica. Ela as divide em: seres humanos, animais e plantas.

Dessas três, apenas seres humanos e animais morrem.

É importante ressaltar esse aspecto para que fique clara a terminologia bíblica usada para descrever o processo pelo qual a vida cessa nos seres vivos.

Tudo Numa Simples Folha

Mencionamos no início do capítulo alguns fatos pertinentes às plantas. E queremos concluir falando dessa maravilhosa criação de Deus, dando mais alguns detalhes.

Um dos equipamentos mais sofisticados, de tudo que é conhecido pelo ser humano, encontra-se dentro das folhas: é a chamada máquina da fotossíntese.

Fotossíntese é o processo químico pelo qual plantas, algas e algumas bactérias, usando a luz solar, transformam dióxido de carbono (CO_2) em compostos orgânicos (glicose, celulose e amido).

Somente um Deus com grande sabedoria poderia ter pensado em tal processo.

Dentro das pequenas células encontradas numa simples folha, existem pequenas organelas, chamadas de cloroplastos, que são as complexas fábricas de fotossíntese.

As plantas absorvem a luz através dos pigmentos chamados de clorofila, de cor verde. Esses pigmentos encontram-se nas extremidades de umas proteínas especiais que se parecem com antenas. Nelas, todos os pigmentos trabalham de maneira organizada.

As células, encontradas no tecido interior de uma folha, dão a ela uma densidade de aproximadamente 800.000 cloroplastos por milímetro quadrado.

Uma cutícula vegetal em forma de uma camada de cera, produzida pelas células epidérmicas, faz que a folha não perca água por meio de uma evaporação excessiva. Ao mesmo tempo ela a protege diminuindo a absorção da luz ultravioleta e azul, controlando e reduzindo a quantidade de calor.

As folhas possuem uma epiderme (como uma pele) transparente, a qual permite a passagem da luz para as células internas onde o processo de fotossíntese ocorre.

Para termos uma noção do quão sábio é o *design* do processo e do mecanismo de fotossíntese encontrado numa simples folha, tomemos alguns valores experimentais como exemplo.

Uma árvore com 200.000 folhas, possui uma área exposta ao Sol de 1.200 m². A quantidade total de clorofila encontrada é de 180g. Em um dia ensolarado ela irá utilizar 36.000 m³ de ar para produzir 12 kg de carboidratos, consumindo cerca de 9.400 litros de dióxido de carbono (CO_2). Em troca, ela irá lançar na atmosfera 9.400 litros de oxigênio (O_2), regenerando cerca de 45.000 litros de ar![1]

Lembre-se de que a planta, ao "respirar", toma o gás carbônico (CO_2) da atmosfera, produz 12 kg de alimento e ainda lança oxigênio (O_2) na atmosfera.

Existe mais um aspecto fascinante nisso.

Por que as plantas geralmente são verdes?

As cores que vemos são produzidas pelas frequências de luz que não são absorvidas pelos objetos iluminados. Por exemplo, vemos um carro vermelho porque os pigmentos da pintura do carro não absorvem as frequências da luz vermelha. Eles a refletem.

A clorofila absorve somente as frequências da luz azul (400-450nm) e vermelha (640- 660 nm). Ela, portanto, reflete todas as demais frequências, inclusive e principalmente frequências da luz verde. Por isso as plantas geralmente são verdes.

---

[1] Werner Gitt, *In The Beginning Was Information*, Christliche Literatur-Verbreitung, Bielefeld, Alemanha, 3ª Edição, p. 232.

Como já vimos, o Sol produz uma grande quantidade de radiação eletromagnética. No entanto, as frequências da luz visível e principalmente o azul são as que ele produz com maior intensidade.

A atmosfera da Terra foi tão bem planejada que, mesmo num dia nublado, a luz azul (450 nm) é a que chega mais intensamente na superfície e ilumina as folhas, para que o processo de fotossíntese, que utiliza principalmente a cor azul, ocorra eficientemente.

Portanto, o Sol é a estrela ideal para iluminar a Terra a qual possui uma atmosfera ideal para que plantas existam e funcionem.

Tudo isso estudando uma simples folha!

CAPÍTULO XII

A CRIAÇÃO DOS ANIMAIS

A palavra animal vem do Latin *animalis*, que significa "ter fôlego". Essa é exatamente a nomenclatura usada pela Bíblia: "Tudo o que havia em terra seca e tinha nas narinas o fôlego de vida morreu." (Gn 7.22)

Segundo a teoria da evolução, os seres vivos atuais teriam evoluído de formas de vida mais simples que teriam vivido num passado remoto. Essa noção é proveniente de duas conclusões equivocadas.

A primeira delas está relacionada com a capacidade de variação e adaptação que as formas de vida possuem. Essa capacidade apresenta-se de duas maneiras distintas: (1) variações não adaptativas e (2) variações adaptativas.

As variações não adaptativas são aquelas relacionadas com as características não essenciais para a sobrevivência de um organismo.

As variações adaptativas são aquelas que estão relacionadas com as características essenciais para a sobrevivência de um organismo.

A cor do pelo de um animal pode ser tanto uma variação adaptativa quanto uma variação não adaptativa. Por exemplo, a cor branca do urso polar (Ursus *maritimus*) é um exemplo de variação adaptativa. A sua cor branca o torna quase "invisível" na neve, facilitando a sua sobrevivência. No entanto, as várias cores de pelo dos porquinhos da índia (Cavia porcellus) ao nascerem, são apenas variações não adaptativas, pois elas não influenciam na capacidade de sobrevivência desses animais.

Contudo, independente de serem variações adaptativas ou não adaptativas, todas elas somente se manifestam num organismo se já estiverem perfeitamente codificadas, como informação genética, no DNA do ancestral que o gerou.

O número de variações será sempre limitado pela informação genética existente.

Fica evidente que cada organismo somente poderá produzir um outro organismo igual a si mesmo. Se houver variações, elas serão apenas manifestações do material genético pré-existente, o qual não havia sido ainda ativado.

Voltemos ao urso polar. Ele possui características distintas de um urso negro, como a cor do seu pelo, as grandes e peludas patas e as pequenas, grossas e afiadas garras que lhe dão boa tração no gelo.

Essas características são erroneamente chamadas de adaptações evolutivas. Elas não são evolutivas, porque todas elas já existem codificadas no DNA do urso negro também. Elas apenas não se manifestam no urso negro.

Observe que essas variações adaptativas não produziram um novo tipo de animal. O urso polar continua sendo urso, embora ele tenha algumas características diferentes dos demais tipos de ursos.

Sabemos que o meio ambiente pode ativar ou desativar uma informação genética codificada. O que ele não pode é criar uma nova informação genética.

Portanto, uma mudança do meio ambiente apenas fará que seja ativada a informação genética pré-existente. Isso não é evolução. Isso é um *design* inteligente.

O Criador já projetou os organismos vivos com capacidades limitadas de variação, sendo que algumas delas seriam para adaptação, ao passo que outras seriam apenas para a beleza que existe nas variações.

É evidente que em um organismo, o número de possíveis variações tanto adaptativas quanto não adaptativas, é limitado.

A prova está na extinção das espécies. Quando uma forma de vida atinge o limite das possibilidades de variação, ela não cria uma nova possibilidade: ela entra em extinção.

Os evolucionistas erroneamente acreditam que as formas de vida continuam a adaptar-se ilimitadamente.

Uma segunda noção equivocada está relacionada com a similaridade existente entre muitas formas de vida. Os evolucionistas veem nessas similaridades evidências de uma ancestralidade comum.

Seres humanos, chimpanzés e gorilas possuem, por exemplo, algumas similaridades morfológicas e genéticas. Segundo os evolucionistas, essas similaridades indicam que todos eles teriam vindo de um ancestral comum que teria vivido há milhões de anos. Mesmo não tendo informação genética semelhante, cientistas evolucionistas continuam atribuindo a eles uma ancestralidade comum.

Apenas para ilustração, vamos comparar algumas informações dos genomas de algumas formas de vida.

Nome do Organismo	Pares de Cromossomos	Tamanho do Genoma	Genes
Ser Humano	23	3,20 Gb	20.251
Elefante	28	3,20 Gb	20.000
Gato	19	3,00 Gb	20.285
Gorila	24	3,04 Gb	20.803
Chimpanzé	24	3,35 Gb	19.700
Orangotango	24	3,08 Gb	20.100
Cavalo	32	2,10 Gb	20.436
Boi	30	2,92 Gb	21.000
Cachorro	39	2,40 Gb	19.300

Vamos agora usar uma analogia muito coerente. Um genoma pode ser comparado a um livro, onde o número de pares de cromossomos equivale ao número de capítulos, o tamanho do genoma ao número de letras, e o número de genes ao número de palavras. Fica mais fácil visualizar assim.

Você poderá perceber que os "livros" não possuem os mesmos números de capítulos. E os que possuem, como no caso dos gorilas, chimpanzés e orangotangos, o número de letras e o número de palavras não são iguais.

De onde então vêm as similaridades que os evolucionistas usam como evidências de uma ancestralidade comum?

Elas vêm de escolhas, baseadas naquilo que se quer provar. Tomando como base a tabela anterior poderíamos igualmente afirmar que os seres humanos teriam vindo de um ancestral comum ao elefante africano, pois o tamanho dos genomas é praticamente o mesmo. Ou ainda poderíamos afirmar que os seres humanos e os gatos teriam vindo de um ancestral comum, pois o número de genes é praticamente o mesmo. E assim por diante.

Quando somos informados que o material genético humano difere do material genético do chimpanzé em 4%, somos levados a crer que teríamos vindo de um ancestral comum, pois "... somos primatas em todos os sentidos, desde os nossos corpos compridos e sem cauda até os nossos hábitos e temperamentos."[1]

É muito fácil ver porque os evolucionistas acreditam que seres humanos e chimpanzés possuem uma diferença de 4%: (1) diferença no número de cromossomos – chimpanzés possuem 4% a mais que os seres humanos; (2) diferença no tamanho do genoma – chimpanzés possuem 4% a mais que os seres humanos.

Se toda a evidência de uma ancestralidade comum pudesse ser obtida somente da similaridade desses dois itens (ou mais alguns outros), a evolução estaria numa situação confortável. Mas não é esse o caso. Não podemos usar esse tipo de comparação. Ela não faz sentido.

---

[1] Stefan Lovgren, Chimps, Humans 96 Percent the Same, Gene Study Finds, *National Geographic News*, August 31, 2005. Acesso: http://news.nationalgeographic.com/news/2005/08/0831_050831_chimp_genes.html

Por exemplo, entre seres humanos e elefantes a diferença na quantidade de genes é 1,3%. Entre seres humanos e gatos é 0,2%. Entre elefantes e orangotangos é 0,5%. Se levarmos em consideração o número de genes, os orangotangos serão muito mais parecidos com os elefantes (0,5%) e os gatos (0,9%) do que com os chimpanzés (2%).

Além do que acabamos de mostrar, as diferenças são muito maiores do que as similaridades propostas.

Dois livros, escritos em épocas diferentes, com o mesmo número de páginas e capítulos, poderiam ter sido escritos por dois autores diferentes, tratando de assuntos completamente diferentes. O fato de terem o mesmo número de páginas e o mesmo número de capítulos, não faria do livro mais antigo o "antepassado" do livro mais recente. Outros fatores precisam ser analisados para que possa ser demonstrada alguma ligação entre os dois.

Assim também ocorre com os livros da vida que chamamos de genomas.

Percebemos que a utilização desses dois argumentos pelos evolucionistas somente os leva a uma conclusão totalmente equivocada.

Baseados nessa conclusão errada é que muitos têm dito que o relato bíblico de Gênesis só pode ser um mito, por não apresentar evidências evolucionistas.

Os Animais Criados no Quinto Dia

Já fizemos algumas considerações no Capítulo IX sobre os animais que o Senhor Deus criou no quinto dia. Queremos apresentar agora as explicações relacionadas a esses animais.

> Disse também Deus: "Encham-se as águas de seres vivos, e voem aves sobre a terra, sob o firmamento do céu". Assim Deus criou os grandes animais aquáticos e os demais seres vivos que povoam as águas, de acordo com as suas espécies;

e todas as aves, de acordo com as suas espécies. E Deus viu que ficou bom. Então Deus os abençoou, dizendo: "Sejam férteis e multipliquem-se! Encham as águas dos mares! E multipliquem-se as aves na terra." (Gn 1.20-22)

O texto nos diz que Deus criou "...os grandes animais aquáticos" – no hebraico תַנִּינִם, *tanniyn*.

Algumas versões traduzem o termo *tanniyn* como baleias. A melhor tradução é "grandes animais aquáticos".

Um grupo de grandes animais aquáticos, conhecido pela ciência, é o grupo dos plesiossauros (Ordem Plesiosauria). Segundo os evolucionistas esse grupo de répteis aquáticos teria vivido no mesmo período dos dinossauros (grandes répteis terrestres).

Alguns exemplos de plesiossauros são os elasmossauros e os liopleurodontes. Os fósseis dos elasmossauros mostram que eles tinham aproximadamente 14 metros de comprimento e pesavam cerca de duas toneladas.

Lembre-se de que o texto não diz que Deus criou os grandes peixes. Ele criou os grandes animais aquáticos.

Certamente as baleias, os peixes e todos os demais animais aquáticos também foram criados no quinto dia, juntamente com o *tanniyn*.

Ainda há um outro grupo de animais que foram criados no quinto dia. A tradução novamente nos oferece uma concepção errada, que dificulta a compreensão do tipo correto de animal criado.

Muitas versões traduziram o termo hebraico como ave. Literalmente são as criaturas que voam.

Vamos usar um exemplo para esclarecer.

Dentre essas criaturas que voam e que foram criadas no quinto dia, temos o grupo dos pterossauros (extinta Ordem Pterosauria). Os pterossauros são os maiores animais voadores conhecidos. O maior fóssil de pterossauro encontrado foi o do *Quetzalcoatlus northropi* com cerca de 13 metros de envergadura de asa.

Todos os demais animais que voam, incluindo todas as aves e também animais como o morcego, foram certamente também criados no quinto dia.

Podemos verificar que essa interpretação está correta quanto observamos a lista dos animais descritos em Levítico 11.13-19. "Estas são as aves que vocês considerarão impuras... a cegonha, qualquer tipo de garça, a poupa e o morcego." Obviamente o morcego não é uma ave, mas ele voa.

Observe que a palavra traduzida por "aves" em Levítico 11 é a mesma que foi utilizada em Gênesis 1, עוֹף ('owph), que significa "criatura que voa". O termo hebraico normalmente utilizado para aves é עִפּוֹר (tsippowr), como no Salmo 148.10.

Portanto, não é difícil encontrar os grandes plesiossauros e os impressionantes pterossauros nas páginas da Bíblia. Obviamente esses termos não aparecem nas Escrituras Sagradas por terem sido criados recentemente.

Os Animais Criados no Sexto Dia

Consideramos no Capítulo IX dois grupos de animais que o Senhor Deus havia criado no sexto dia: os animais domésticos e os selváticos. Queremos agora considerar o terceiro grupo que chamamos de "os demais animais".

Primeiramente, consideremos o termo hebraico que descreve esses animais, רֶמֶשׂ (remes). Esse termo vem da raiz רָמַשׂ (ramas), que significa rastejar ou andar sobre as quatro patas. O termo remes foi traduzido em algumas versões como répteis.

Sabemos que Salomão "descreveu as plantas, desde o cedro do Líbano até o hissopo que brota nos muros. Também discorreu sobre os quadrúpedes, as aves, os *animais que se movem rente ao chão (remes) e os peixes.*" (1 Reis 4.33).

Essa é uma categoria muito ampla, que engloba desde os pequenos insetos até os grandes dinossauros. Todos esses movem rente ao chão.

Podemos ver ainda o quão ampla é essa categoria ao estudarmos o Salmo 104.25-26, "Eis o mar, imenso e vasto. Nele vivem inúmeras *criaturas (remes)*, seres vivos, pequenos e grandes. Nele passam os navios, e também o Leviatã, que formaste para com ele brincar."[2]

A palavra *remes* descreve não somente algumas formas de vida terrestres mas também muitas aquáticas.

Os Dinossauros

Encontramos no livro de Jó a descrição de um grande animal que também não faz parte do grupo dos animais domésticos, nem dos animais selvagens. Ele faz parte do grupo dos *remes*.

> Contempla o beemote que criei quando criei você e que come de capim como o boi. Que força ele tem em seus lombos! Que poder nos músculos do seu ventre! A cauda dele balança como o cedro; os nervos de suas coxas são firmemente entrelaçados. Seus ossos são canos de bronze, seus membros são varas de ferro. (Jó 40.15-18)

Algumas versões erroneamente traduziram o animal descrito como beemote por hipopótamo.

A palavra beemote (בְּהֵמוֹת - *behemowth*) não ocorre em nenhum outro texto da Bíblia. Assim, somente a descrição do texto é que pode nos ajudar.

Podemos aprender muito sobre esse animal seguindo a maneira descritiva bíblica. Essa maneira enfatiza aquilo que é especial ou peculiar ao objeto descrito. Algumas vezes fala-se de

---

2 Outras passagens que tratam do Leviatã. "Você consegue pescar com anzol o leviatã ou prender sua língua com uma corda?..." (Jó 41.1-34); "Tu dividiste o mar pelo teu poder; quebraste as cabeças das serpentes das águas. Esmagaste as cabeças do Leviatã e o deste por comida às criaturas do deserto." (Sl 74.13-14); "Naquele dia, o Senhor com sua espada severa, longa e forte, castigará o Leviatã, serpente veloz, o Leviatã, serpente tortuosa; matará no mar a serpente aquática." (Is 27.1)

características que pertencem também a outros objetos. Nesse caso, o propósito é enfatizar essas características.

No verso 15 encontramos três características importantes que, no entanto, não são peculiares só ao Beemote.

"Contempla o beemote..." Essa frase mostra que Jó conhecia o beemote, portanto, não poderia ser um animal extinto. Ele estava vivo nos dias de Jó.

"... que criei quando criei você..." Esse animal foi criado juntamente com o ser humano, portanto, ele faz parte dos animais criados no sexto dia.

"... e que come capim como o boi." Esse animal não era carnívoro, mas herbívoro. Observe que no verso 20 nos é dito a mesma coisa: "Os montes lhe oferecem os seus produtos..." Note que os hipopótamos se alimentam das plantas próximas às margens dos rios ou dos pântanos onde eles passam a maior parte do dia. Eles não buscam alimento nos montes devido à sua estrutura física que não lhes dá condições, por causa de seu grande peso (1,5 a 3 toneladas).

Podemos ver nesse verso que uma característica do beemote também é encontrada nos animais domésticos (o boi). No verso 20 nos é dito que os animais selvagens brincam perto dele. Contudo, o beemote não faz parte dos animais domésticos nem dos selvagens.

No verso 16 encontramos mais duas características. Essas são específicas desse animal.

"Que força ele tem em seus lombos!" Na parte lombar de um animal, como o cavalo, localizam-se os poderosos músculos que lhe dão tanto a capacidade de locomover-se como de levantar-se somente sobre as duas patas traseiras.

"Que poder nos músculos do seu ventre!" Animais possuem músculos no ventre. Geralmente esses músculos auxiliam na respiração e na locomoção, principalmente nos répteis. Note que no beemote, esses músculos são poderosos. A ciência não conhece nenhum animal vivo hoje que tenha essa característica. No entanto, no registro fóssil, existem vários, como os diplodocos, braquiossauros e apatossauros. Todos esses animais necessitariam de um sistema muscular muito poderoso para movimentar o ar necessário para os seus pulmões. No caso do apatossauro, os cientistas acreditam que o seu pulmão tinha uma capacidade de 900 litros. Cerca de 200 litros de ar seriam necessários para encher o espaço existente na boca e no pescoço (traqueia) de um apatossauro.

Um sistema de músculos muito poderosos seria fundamental para mover uma grande quantidade de centenas de litros de ar em cada fôlego do beemote.

Encontramos mais duas características específicas no verso 17. "A cauda dele balança como o cedro;" O cedro é um tipo de árvore muito comum no Oriente Médio. O cedro do Líbano (*Cedrus libani*) é uma árvore com um tronco muito grosso, podendo chegar a 2,5 metros e muito alta, chegando até 40 metros. Fica muito óbvio aqui que esse animal não poderia ser um hipopótamo, cuja cauda tem cerca de 20 a 30 centímetros.

A cauda do beemote era algo fenomenal. Encontramos esse tipo de estrutura somente nos fósseis dos dinossauros. *O Amphicoelias fragillimus* (um dos maiores dinossauros conhecidos) possuía aproximadamente as seguintes dimensões: 40 a 60 metros de comprimento, 17 metros de pescoço, 10 metros de corpo, 30 metros de cauda.

"...os nervos de suas coxas são firmemente entrelaçados." Essa característica está relacionada com o tamanho do beemote. Um animal pesado e cujas patas traseiras fossem muito compridas necessitaria de um sistema de nervos (ou tendões) que dessem a essas patas a estabilidade necessária para aguentar o peso distribuído sobre elas.

As partes fossilizadas de um *Argentinossauro hiunculensis* oferecem um bom exemplo das proporções gigantescas dos dinossauros. Uma única vértebra tinha 1,59 metros de comprimento, uma tíbia 1,55 metros de comprimento e apenas uma parte do femur media 1,18 metros. Tanto o Argentinossauro quanto o Amphicoelias fazem parte do grupo dos titanossauros.

No verso 18 encontramos as duas últimas características do beemote.

"Seus ossos são canos de bronze..." O beemote possuía ossos como tubos de bronze. A palavra tubo ou cano era usada para descrever o leito de um ribeiro por onde a água passava: "Senhor, restaura-nos, assim como enches o *leito* dos ribeiros no deserto." (Salmo 126.4)

Essa mesma palavra também era usada para descrever algo poderoso, "Derrama desprezo sobre os nobres, e desarma os *poderosos*." (Jó 12.21)

Essa palavra descreve uma estrutura óssea muito peculiar. Ela é formada por grandes ossos – como tubos por onde as águas de um ribeiro poderiam passar – e poderosos o suficiente para aguentar o peso do animal.

Para se ter uma ideia, o femur de um ser humano adulto tem cerca de 50 cm de comprimento e 3 cm de diâmetro. Se ele tiver uma altura média de 1,75 m de altura, e um peso médio de 75 kg, cada femur sofrerá uma pressão de 10 kg/cm^2.

O femur de um Argentinossauro media cerca de 2,5 m de comprimento e 40 cm de diâmetro. O peso do animal era de aproximadamente 70 toneladas. Portanto, a pressão em cada femur (considerando distribuição homogênia de peso nas quatro patas) seria de aproximadamente 14 kg/cm^2. Os ossos teriam que ser extremamente fortes.

Os ossos do beemote eram extremamente fortes.

"... seus membros são varas de ferro." Essa última característica descritiva é muito interessante. Literalmente a tradução deveria ser "... a sua ossada, barras de ferro forjado."

O beemote possuía uma estrutura óssea semelhante a barras de ferro forjado. Qualquer pessoa que se aproxime de um grande dinossauro exposto em um museu, perceberá a caixa torácica desse animal. Devido à sua dimensão e rigidez ela parece ter sido feita de barras de ferro. (Ver Apêndice 11)

Todas essas características descritivas são encontradas nos grandes animais que receberam o nome de dinossauros (*deinos* + *saura* = répteis terríveis).

Vírus e Bactérias

Algumas pessoas acham que vírus e bactérias apareceram como resultado da maldição de Deus.

Bactérias são organismos unicelulares, com alguns poucos milésimos de milímetro de comprimento. Suas formas são muito variadas, sendo algumas esféricas, outras espiraladas e algumas tubulares.

Encontramos cerca de 40 milhões de bactérias por grama de solo e cerca de um milhão num único mililitro de água natural. Somando-se a massa de todas as bactérias que existem no planeta, teríamos um valor maior que toda a biomassa representada pelo conjunto de todos os seres humanos, animais e plantas.

As bactérias têm uma função vital no processo de reciclagem de nutrientes, como por exemplo, a fixação do nitrogênio da atmosfera terrestre e a putrefação.

Existem muitas bactérias que são encontradas no corpo humano – na flora intestinal e na pele. Algumas são benéficas para o nosso corpo. Outras não. As que não são benéficas permanecem inofensivas graças à atuação protetora do sistema imunológico.

Muitas mortes são causadas pelas bactérias patogênicas, que são parasitas e que produzem doenças e infecções.

Por outro lado, na nossa flora intestinal encontramos cerca de 1.000 espécies diferentes de bactérias que (1) contribuem com a imunidade dos intestinos; (2) sintetizam vitaminas como a B9 (ácido fólico), B7 (biotina) e a vitamina K (muito útil na coagulação do sangue); (3) transformam a proteína do leite em ácido lático; e (4) fermentam carboidratos complexos que não são digestíveis.

Os vírus são agentes infecciosos, capazes de replicarem-se

somente dentro de uma célula. Eles são capazes de infectar todos os tipos de organismos vivos, incluindo as bactérias. Existem milhões de tipos diferentes de vírus. A grande maioria vive nos oceanos.

Não é conhecido nenhum tipo de vírus que seja benéfico para o ser humano, ou mesmo para os demais organismos vivos.

Podemos concluir, baseados na avaliação de Deus que tudo o que Ele havia feito era bom, que os vírus não faziam parte da criação original de Deus.

Por outro lado, não existe razão para crer que todas as bactérias benéficas, tanto para o solo quanto para os organismos vivos, não teriam sido criadas pelo Senhor Deus durante os seis dias.

Lembre-se de que Adão foi criado com um sistema imunológico perfeito, capaz de protegê-lo completamente. O meu e o seu não são mais perfeitos.

Queremos fazer algumas considerações sobre a origem das bactérias não benéficas. Um caso de estudo muito interessante é o da bactéria chamada Salmonela. Ela é a responsável pela febre tifóide.

Uma salmonela possui de 6 a 15 pequenos motores que são construídos seguindo uma rígida sequência de instruções genéticas. Cada uma das quarenta partes protéicas é produzida com altíssima precisão. No diâmetro de um fio de cabelo humano cabem cerca de 8 milhões desses pequenos motores. Um flagelo é anexado à extremidade de cada motor, formando um conjunto que a salmonela utiliza como meio de locomoção.

Um outro tipo de bactéria utiliza-se de um motor similar ao da salmonela, mas não tão complexo, conhecido como T3SS (*Type III Secretion System*). Muitos evolucionistas afirmavam que o complexo motor da salmonela havia evoluído desse outro motor mais simples. (Ver Apêndice 12)

Ficou provado que o oposto é verdadeiro. O motor da salmonela perdeu parte da sua complexidade tornando-se num motor mais simples encontrado na Salmonela entérica, *serotipo Typhimurium*.[3,4,5]

Esse tipo de deterioração faz que a bactéria se torne mais agressiva ao organismo e mais difícil de ser reconhecida pelo sistema imunológico.

A Complexidade Genética dos Organismos

Podemos concluir esse estudo da criação dos animais falando um pouco sobre o complexo sistema de informação altamente codificada e eficientemente armazenada, encontradas nos organismos vivos.

Vamos tomar como exemplo o ser humano.

Toda a informação genética necessária para fazer o ser humano encontra-se em pequenos filamentos dentro de quase todas as células do corpo. Colocando cada filamento de uma única célula, um ao longo do outro, teríamos uma linha invisível de 2,10 metros de comprimento por 2 milionésimos de milímetro de diâmetro! Nesse fio microscópico está armazenado o código genético.

A alteração de uma única letra genética faz que uma pessoa tenha uma anomalia como a anemia falciforme. Apenas uma letra genética errada!

Toda essa informação codificada faz que um sistema operacional como o Windows, ou Linux, ou ainda o Mac OS, venha parecer-se como um programa desenvolvido por crianças que mal aprenderam a ler ou a escrever.

Essa complexidade genética é algo que fascina e desafia os

---

3 Anand Sukhan, Tomoko Kubori, James Wilson, and Jorge E. Galin. 2001. "Genetic Analysis of Assembly of the Salmonella enterica Serovar Typhimurium Type III Secretion-Associated Needle Complex", *Journal of Bacteriology* 183: 1159-1167.

4 Plano, G. V., Day, J. B. and Ferracci, F., 2001. "Type III export: new uses for an old pathway", *Molecular Microbiology* 40 (2), 284-293.

5 Kim, J. F., 2001. "Revisiting the chlamydial type III protein secretion system: clues to the origin of type III protein secretion", *Trends in Genetics* 17 (2), 65-69.

cientistas, demonstrando claramente a relevância das afirmações que encontramos nas Escrituras Sagradas sobre a grandeza do nosso Deus.

Diante dessa manifestação de sabedoria e poder podemos apenas repetir as palavras do salmista: "Quantas são as tuas obras, Senhor! Fizeste todas elas com sabedoria! A terra está cheia de seres que criaste." (Sl 104.24)

CAPÍTULO XIII

A CRIAÇÃO DO SER HUMANO

Até aqui pudemos ver que a narrativa Bíblica da criação não oferece dificuldades relacionadas à Ciência. Sua estrutura e riqueza de detalhes oferecem um referencial perfeitamente confiável.

Dentro desse referencial é que queremos avaliar a parte final do relato de Gênesis: a criação do ser humano.

Os detalhes da criação do ser humano, descritos em Gênesis 1 e 2, oferecem pontos relevantes sobre os temas: de onde viemos, quem somos nós, para que estamos aqui e qual deve ser a nossa relação com a natureza ao nosso redor.

Todos esses temas estão relacionados com aquilo que chamamos de cosmovisão, por meio da qual cada indivíduo vê o mundo ao seu redor.

Mas antes de tratarmos desses temas, precisamos dizer algo sobre a informação que recebemos constantemente com respeito à suposta evolução humana.

Somos informados, tanto pelas nossas instituições de ensino quanto pela mídia, que todos os seres humanos evoluíram de um ancestral comum aos chimpanzés e gorilas, que viveu num passado distante de centenas de milhares ou até mesmo de alguns milhões de anos, provavelmente no continente africano.[1]

---

1 Jorde LB, Bamshad M, Rogers AR (Fevereiro 1998). "Using mitochondrial and nuclear DNA markers to reconstruct human evolution". *Bioessays* 20 (2): 126–136.

Toda essa informação nos é passada como fato e não como teoria e infelizmente muitos a aceitam como um fato indiscutível.

Mas a teoria da evolução humana não é nada mais que uma teoria. E uma teoria somente deixa de ser teoria quando ela for comprovada.

Também queremos mencionar a existência das muitas interpretações relacionadas ao relato da criação do ser humano em Gênesis. Algumas delas sugerem que Adão e Eva não foram dois indivíduos reais e sim uma referência generalizada aos seres humanos. Outras sugerem que o relato bíblico trata de duas criações, uma no capítulo um e outra no capítulo dois. Ainda algumas outras sugerem que Deus criou Adão e Eva no jardim no Éden e hominídeos (supostos antepassados dos seres humanos segundo a teoria da evolução) fora do jardim.

Contudo, existe apenas uma interpretação correta e consistente, não somente para o relato de Gênesis 1 e 2, como também para toda a Bíblia. E essa interpretação é a interpretação literal do texto. Qualquer outra interpretação irá comprometer ou a veracidade do relato de Gênesis ou o ensino das Escrituras ou ambos.

Para isso é importante fazermos um estudo detalhado dos dois textos que mencionam a criação dos seres humanos, encontrados em Gênesis capítulos um e dois.

Começaremos pelo primeiro capítulo.

A Narrativa de Gênesis 1

> Então disse Deus: "Façamos o homem à nossa imagem, conforme a nossa semelhança. Domine ele sobre os peixes do mar, sobre as aves do céu, sobre os animais grandes de toda a terra e sobre todos os pequenos animais que se movem rente ao chão". Criou Deus o homem à sua imagem, à imagem de Deus o criou; homem e mulher os criou. (Gn 1.26-27)

Gênesis capítulo um oferece uma narrativa compacta da criação do ser humano. É como se o texto apresentasse apenas um resumo de como Deus nos criou.

No entanto, existem muitos ensinamentos fundamentais e relevantes sobre a criação do ser humano e a sua função.

Como já foi visto, os dois verbos *'asah* e *bara'* foram utilizados nesta passagem, demonstrando que os seres humanos foram feitos daquilo que Deus já havia criado anteriormente, o pó da terra, como também daquilo que Deus estava trazendo à existência naquele momento, o fôlego de vida.

Portanto, o ser humano foi trazido à existência do pó da terra por meio do ato sobrenatural de Deus.

Nós não somos fruto do resultado de processos aleatórios que supostamente teriam ocorrido ao longo de milhões ou bilhões de anos.

No entanto, há ainda um outro ponto muito importante a ser destacado sobre o uso do verbo *'asah*.

Além do relato de Gênesis informar corretamente a origem da nossa estrutura biológica – fomos formados (*'asah*) do pó da terra – ele também nos informa algo mais sobre a nossa origem.

No verso 26 somos informados que nós fomos criados (*'asah*) à imagem e semelhança de Deus.

Em outras palavras, fomos criados com uma imagem e semelhança de algo pré-existente: o próprio Deus.

Por essa razão Deus disse: "façamos" (*'asah*).

Imagem e Semelhança

Precisamos entender o significado desses dois termos: imagem e semelhança.

As duas palavras hebraicas usadas para imagem, צֶלֶם (*tselem*), e semelhança, דְּמוּת (*dêmuwth*), não são sinônimas, isto é, não possuem o mesmo significado.

A palavra *tselem* é proveniente de uma palavra hebraica que se traduz por "projetar uma sombra ou produzir uma sombra".

Imagine a sua sombra sendo projetada pela luz do Sol no chão ou em uma parede. Essa sombra teria a sua imagem (*tselem*). Obviamente ela não teria todos os detalhes da sua fisionomia, mas seria a sua sombra.

Esse é o significado da palavra *tselem*. Somos uma sombra de quem Deus é. Nós não somos Deus! Somos apenas a sua sombra.

Observe também que uma sombra não tem existência própria. Algo precisa existir para que ela exista.

Assim também o ser humano possui a sua existência na existência de Deus.

Mas para não sermos apenas uma "sombra" de quem Ele é, Deus nos formou também à sua semelhança (*dêmuwth*).

Essa palavra representa algo mais específico. Veja Isaías 40.18, "A quem vocês compararão Deus? Como poderão representá-lo?". A expressão "Como poderão representá-lo?", literalmente é: "Semelhante (*dêmuwth*) a que vocês o comparararão?"

A pessoa de Deus pode ser comparada com muitas coisas que conhecemos. Por exemplo, no Salmo 46.1, Deus é o nosso refúgio e fortaleza. No Salmo 18.2, Ele é a nossa rocha. No Salmo 59.16, Ele é o nosso abrigo. No Salmo 61.3, Ele é uma torre forte contra o inimigo. No Salmo 23.1, Ele é o nosso pastor.

Todas essas comparações estão relacionadas com quem Deus é e com o que Ele faz. São características pessoais de Deus.

Nós fomos criados com esse tipo de características pessoais. Essa é a nossa semelhança com Deus.

Nós recebemos dele alguns atributos e características que só Ele possui.

Mas existem ainda duas razões fundamentais dele ter nos criado não somente à sua imagem, mas também à sua semelhança. O primeiro é que nós fomos criados com uma liberdade estabelecida por Deus.

Se tivéssemos sido criados somente à imagem (*tselem*) de

Deus, teríamos tanta liberdade de agir ou escolher quanto uma sombra tem, ou seja, nenhuma.

Mas como fomos feitos também à sua semelhança (*dêmuwth*), podemos fazer escolhas, usando as características que Ele nos concedeu.

O segundo é que tanto a imagem quanto a semelhança apontam para o criador.

As características e capacidades que possuímos não são de objetos inanimados ou mesmo de plantas ou animais. Elas são características e capacidades do criador.

Somente um Deus que as possui poderia tê-las dado a nós.

Nesse texto encontramos uma das respostas relacionadas à pergunta: Para que estamos aqui?

A resposta é óbvia: refletir quem é Deus.

Imagem e Semelhança Distorcidas

O pecado distorceu a semelhança de Deus criada em nós. Continuamos tendo a sua imagem, pois Deus nunca deixará de ser quem é, mas não possuímos mais a sua semelhança. (Você poderá ver como isso ocorre nos Salmos 115.2-8 e 135.15-18.)

Olhamos para o ser humano e vemos apenas uma semelhança distorcida da pessoa de Deus.

Por isso, à medida que conhecemos mais e mais sobre a pessoa de Deus, passamos a conhecer também um pouco mais sobre nós mesmos, quem somos nós.

Passamos a entender também o quão desastrosa foi a nossa queda no pecado, a qual extinguiu quase que completamente a semelhança que Deus colocara em nós.

A Nossa Identidade Coletiva Como Seres Humanos

A narrativa compacta de Gênesis 1 oferece ainda um conhecimento muito importante sobre a nossa identidade.

Observamos que Deus usa o termo "homem" em Gênesis

1.26 ("Façamos o homem...") com um significado geral, ou seja "ser humano".

A palavra hebraica traduzida por homem nesse verso é אָדָם ('adam). Esse termo tem a sua origem em uma outra palavra hebraica אָדֵם ('adem), cujo significado é avermelhado.

A palavra 'adam é usada muitas vezes no Velho Testamento com o significado de "humanidade".

Nós a encontramos com esse significado em Gênesis 6.7, "Disse o Senhor: 'Farei desaparecer da face da terra o homem que criei, os homens e também os animais grandes, os animais pequenos e as aves do céu. Arrependo-me de havê-los feito'."

A utilização desse termo mostra claramente que a raça humana é uma criação de Deus separada dos animais. Em outras palavras, não deveríamos ter a aparência nem o comportamento dos animais.

Deveríamos viver como seres humanos criados à imagem e semelhança de Deus.

Existem pessoas que tomam esse significado para assumir que o texto faz referência somente à criação da raça humana e não necessariamente à criação de um único homem e de uma única mulher.

Como veremos mais a frente, a narrativa do capítulo dois e a genealogia do capítulo cinco, deixam muito claro que esse não é o caso.

A Nossa Identidade Individual como Seres Humanos

Além de sermos um grupo distinto de organismos vivos (seres humanos), há também uma diferença distinta entre os seres humanos: homem e mulher.

No verso 27 lemos: "...homem e mulher os criou."

As palavras hebraicas traduzidas nesse verso por "homem" e "mulher" são זָכָר (zakar) e נְקֵבָה (nêqebah). Elas significam apenas masculino e feminino.

Essas palavras são também utilizadas para os animais em Gênesis 6.19: "Faça entrar na arca um casal de cada um dos seres vivos, macho (*zakar*) e fêmea (*nêqebah*), para conservá-los vivos com você."

Segundo o relato bíblico, nossa identidade pessoal como seres humanos pode ser encontrada apenas nas formas de homem e mulher.

Existe uma razão para isso.

Deus possui muitos atributos. Alguns deles foram dados aos seres humanos. Outros não.

Por exemplo, Deus é eterno. Ele sempre existiu. Mas Ele nunca foi criado. Nós fomos criados. A partir daí não seremos eternos.

Por Deus ter nos criado à sua imagem e semelhança, Ele distribuiu alguns dos seus atributos (características e capacidades pessoais) nas duas únicas formas básicas criadas: masculino (macho) e feminino (fêmea).

Encontramos nas páginas da Bíblia muitas dessas características e capacidades pessoais de Deus que foram dadas aos homens e às mulheres.

Um exemplo muito claro é geração de filhos.

Gerar filhos é uma capacidade de Deus: "Por sua decisão Ele nos gerou pela palavra da verdade, para que sejamos como que os primeiros frutos de tudo o que Ele criou." (Tg 1.18)

Gerar filhos é uma capacidade de Deus dada aos seres humanos. Lembre-se de que sozinhos, um homem e uma mulher, não têm condição de gerar filhos. São necessários os dois para que o processo da geração de uma nova vida possa acontecer.

Percebemos também que Deus não distribuiu igualmente essas suas características e capacidades entre homens e mulheres.

Isto significa que homens e mulheres não possuem exatamente as mesmas características e capacidades que Deus possui.

Por isso temos funções diferentes como homens e mulheres.

Além disso, nem todas as características e capacidades

pessoais de Deus aparecem em cada indivíduo do sexo masculino ou do feminino. Alguns têm umas, outros têm outras. O conjunto de todos os seres humanos deveria refletir perfeitamente a imagem e semelhança de Deus.

São por meio dessas diferenças que encontramos a nossa identidade pessoal.

Ainda uma palavra final sobre esse aspecto da criação, para esclarecer mais um ponto fundamental.

Por Deus ter criado o ser humano à Sua imagem e semelhança como masculino e feminino, não podemos pensar que Deus tenha características de homem e características de mulher.[2]

O oposto é verdadeiro: homens e mulheres possuem as características de Deus!

A Narrativa de Gênesis 2

Temos no texto de Gênesis 2 um relato detalhado da criação do ser humano como homem e mulher. Os dois não foram trazidos à existência simultaneamente, nem por processos iguais. Isso é muito claro no texto.

Embora muitos considerem essa narrativa como um mito, ela é perfeitamente aceitável do ponto de vista da ciência moderna.

Comecemos com a criação da mulher.

A Criação da Mulher

"Então o Senhor Deus fez o homem cair em profundo sono e, enquanto este dormia, tirou-lhe uma das costelas, fechando o lugar com carne. Com a costela que havia tirado do homem, o Senhor Deus fez uma mulher e a levou até ele." (Gênesis 2.21-22)

---

[2] Deus se revelou como homem (masculino) tanto na pessoa do Filho (masculino) quanto na pessoa do Pai (masculino). Deus não dá em nenhum lugar das Escrituras Sagradas a liberdade para que alguém o represente na forma feminina. Ele sempre é representado na forma masculina. Isso não significa que o homem tem um valor maior que a mulher aos olhos de Deus. (Gl 3.28; 1 Co 11.3)

O texto é muito rico em detalhes científicos.

Observe que a nomenclatura científica não ocorre por uma razão bem simples: o texto visa educar qualquer pessoa, independente do nível cultural, social e econômico.

E essa narrativa o faz com grande precisão e com grande facilidade de compreensão.

Primeiramente. Deus fez o homem cair em profundo sono.

Duas perguntas fundamentais precisam ser respondidas: (1) por quê?; e (2) como?

A razão pela qual Deus fez Adão cair em profundo sono é bastante simples: Ele seria operado (a remoção de uma das suas costelas). Como Deus fez isso também não é um mistério. Nós usamos essa mesma técnica nas cirurgias: anestesia geral.

Anestesia vem da palavra grega αναἴθησις (*anaesthesis*): sem sensação. Desde 1842 a anestesia é usada em procedimentos cirúrgicos no ocidente, embora esse método já fosse conhecido e utilizado nos tempos antigos por povos da Mesopotâmia (sumerianos, babilônicos e medo-persas), pelos egípcios e chineses. O ópio era o principal agente anestésico.

A anestesia faz que o paciente caia em sono profundo, bloqueando temporariamente o seu sistema sensorial.

O primeiro passo foi Deus anestesiar Adão.

O procedimento cirúrgico utilizado pelo Senhor Deus está cientificamente correto.

Em segundo lugar, o Senhor Deus removeu uma das costelas de Adão.

Existe uma razão muito especial da escolha desse tipo de material e não de um outro.

Encontramos no sistema ósseo humano a medula óssea, também conhecida como tutano. Esse tecido de aparência gelatinosa preenche a cavidade interna de vários ossos. Ele também é uma fábrica de elementos relacionados com o sangue, como as hemácias (glóbulos vermelhos), os leucócitos (glóbulos brancos) e os trombócitos (plaquetas).

A medula óssea vermelha, encontrada, por exemplo, nas costelas, contém células-tronco (células estaminais). Essas células são células-tronco multipotentes, que podem diferenciar-se numa variedade de tipos de células.

Células-tronco constituem o material fundamental para o processo de clonagem humana.

Como o objetivo principal do Senhor Deus era trazer à existência um outro ser vivo semelhante a Adão, Ele usou as células-tronco encontradas na medula óssea vermelha da costela removida de Adão, para fazer o primeiro clone humano: Eva.

O segundo passo foi obter o tipo de material genético correto, do local correto, para a criação de Eva. As escolhas do tipo de material genético e do local onde esse material foi obtido, feitos pelo Senhor, estão cientificamente corretas.

Em terceiro lugar, o Senhor fechou o lugar da costela removida com carne.

Cirurgias de reconstrução e correção, conhecidas como cirurgias plásticas, são realizadas na Índia desde 800 a.C.

Um procedimento muito comum nesse tipo de cirurgia é o de auto-transplantação, onde tecidos, órgãos ou proteínas de uma parte do corpo são transplantados em uma outra parte.

Esse tipo de cirurgia é utilizado frequentemente para minimizar ou eliminar deformidades físicas.

O terceiro passo de Deus foi utilizar-se desse processo para eliminar qualquer deformação física decorrente da remoção da costela. O procedimento cirúrgico adotado está cientificamente correto.

Em quarto lugar, Deus transforma a costela que Ele removera de Adão (material genético) e a transforma em uma mulher.

Como mencionamos acima, células-tronco são o material básico necessário para a clonagem de um novo ser vivo a partir do material do doador.

O processo de clonagem propriamente dito nada mais é que a produção de um novo indivíduo criado a partir do material genético de um doador.

Animais e plantas são clonados frequentemente pelos cientistas ao redor do mundo.

Adão foi o doador e Eva foi o novo ser vivo clonado.

O quarto passo foi Deus utilizar o material genético de Adão para produzir um ser semelhante a ele. O procedimento genético adotado está cientificamente correto.

E em quinto e último lugar, Deus transforma o material genético masculino em material genético feminino.

O ser humano possui um par de cromossomos responsável pela determinação do sexo. Masculino e feminino são as duas únicas possibilidades sexuais produzidas por esse par.

Seres humanos do sexo masculino possuem o par XY. Seres humanos do sexo feminino possuem o par XX.

O cromossomo Y humano possui cerca de 60 milhões de pares de base.[3] Ele é passado de pai para filho.

O cromossomo X humano possui cerca de 153 milhões de pares de base.

Sendo que a mãe possui o par de cromossomos XX e o pai o par XY, é fácil perceber que é o material genético do pai que determina o sexo da criança. A mãe contribui apenas com um dos dois cromossomos X que ela possui. Já o pai pode contribuir tanto com o cromossomo Y quanto com o X.

Adão foi criado com o par XY. Ele era do sexo masculino.

Para que Eva fosse criada, Deus precisaria apenas duplicar geneticamente o cromossomo X de Adão, formando o par XX.

Esse procedimento de alteração genética é conhecido pela ciência como engenharia genética.

O último passo foi o Senhor Deus duplicar geneticamente o cromossomo X de Adão. O procedimento genético utilizado está cientificamente correto.

---

[3] Existem quatro bases diferentes, conhecidas como nucleotídeos, encontradas no DNA (ácido desoxirribonucleico): adenina (A), timina (T), guanina (G) e citosina (C). A adenina forma um par de base com a timina e a guanina forma ou um outro par de base com a citosina.

Uma pequena nota, digna de reflexão. Se Deus tivesse apenas clonado, mas não alterado o material genético de Adão, então no jardim do Éden estariam apenas Adão e Ivo, em vez de Adão e Eva. Seria impossível que a ordem de Deus fosse cumprida: "... crescei e multiplicai"!

Todos Viemos de Uma Única e Mesma Mulher

Um dos estudos mais relevantes sobre a origem humana foi feito pela Dra. Rebecca L. Cann, do departamento de biologia da Universidade da Califórnia, em Berkeley.

Dentro das células do nosso corpo existem organelas, que são sub-unidades especializadas em uma função. Uma dessas organelas chama-se mitocôndria.

A mitocôndria é uma estrutura que converte a energia química recebida dos alimentos em formas de energia que a célula possa utilizar.

Dentro dessa pequena fábrica, por assim dizer, encontra-se o DNA mitocondrial (mtDNA).

No caso dos seres humanos, o DNA mitocondrial é passado de uma geração para a outra somente pela mãe.

Eu e você temos o DNA mitocondrial que recebemos da nossa mãe e não o do nosso pai.

A Dra. Rebecca estudou o DNA mitocondrial de 147 indivíduos, das cinco populações geográficas do nosso planeta e concluiu que todos esses indivíduos, representantes de todos os grupos de seres humanos, possuíam um DNA mitocondrial idêntico.

A conclusão foi óbvia: todos os seres humanos vieram de uma única e mesma mulher![4]

Não existe dúvida sobre esse fato científico.

Em Gênesis 3.20 lemos: "Adão deu à sua mulher o nome de Eva, pois ela seria mãe de toda a humanidade."

---

4 Rebecca L. Cann et al., "Mitochondrial DNA and Human Evolution", *Nature*, Vol. 325(6099), 1 January 1987, p. 31-36.

Um segundo estudo muito interessante foi feito pelos doutores Lawrence Loewe e Siegfried Scherer.

Sendo que todos os seres humanos vieram de uma única e mesma mulher, o DNA mitocondrial atual deveria ser exatamente o mesmo, com pequenas variações que teriam ocorrido ao longo do tempo.

Eles estudaram essas pequenas variações que existem no DNA mitocondrial e utilizaram-se delas para fazer um sistema cronológico reverso.

Comparando o tempo necessário para que as pequenas variações genéticas passassem a fazer parte do material genético de um grupo de indivíduos, com o número dessas variações no DNA mitocondrial, eles chegaram a conclusão que entre 6.000 e 6.500 anos atrás deveria ter vivido aquela que foi a mãe de todos nós![5,6]

Isso é algo fascinante!

Como já vimos, o ano judeu equivalente ao ano de 2.011 é o ano 5.771. (Lembrando que a mudança de ano no calendário judeu se dá entre os meses de setembro e outubro do nosso calendário.) Assumindo a literalidade de Gênesis, seu relato e suas cronologias, Eva deveria ter vivido aproximadamente a 6.000 anos atrás.

Por meio de falsas evidências, infinitamente inferiores, cientistas de posicionamento evolucionistas têm afirmado que a evolução é um fato.

O que esse tipo de evidência diz sobre a Bíblia?

Todos Viemos de Um Único e Mesmo Homem

Como já dissemos, o mtDNA (DNA mitocondrial) é repassado de uma geração para a outra apenas pela mulher (de mãe

---

5 Lawrence Loewe and Siegfried Scherer, "Mitochondrial Eve: The Plot Thickens", *Trends in Ecology & Evolution*, Vol.12, Issue 11, November 1997, p. 420-422.

6 Evolucionistas, usando outros métodos, alguns baseados em datação radiométrica, têm sugerido idades de 200.000 anos, como é o caso da data sugerida pela Dra. Rebecca na publicação de 1987.

para filhos ou filhas). Ele não é repassado pelo homem (pai para filhos ou filhas).

Mas também já vimos que o ser humano masculino passui o par de cromossomos XY, ao passo que a mulher possui o par XX.

O cromossomo Y somente é repassado de uma geração para outra pelo homem (pai para os seus filhos). Obviamente as filhas não recebem o cromossomo Y do pai, pois todas as mulheres possuem apenas o par XX.

É importante notar que o cromossomo Y não se recombina com o cromossomo X, mas é transferido de maneira intacta de pai para filho. Ele também possui uma taxa extremamente baixa de variações e mutações.

A existência de seres humanos do sexo masculino, claramente mostra que toda a raça humana é também proveniente de um único e mesmo ser humano do sexo masculino. Embora a ciência evolucionista tenha sugerido a possibilidade de "muitos Adãos" ao longo da suposta estória evolucionista da evolução humana, não existe uma única evidência que apóie tal proposta.

Embora existam pequenas variações no cromossomo Y, como já foi visto, elas não podem ser usadas como evidências evolutivas, pois variações são apenas variações e não pequenas "evoluções".

Apenas uma nota digna de passagem. O cromossomo Y foi designado tecnicamente Adão cromossomial-Y baseado no termo bíblico Adão. Segundo os evolucionistas, essa terminologia "... poderia levar erroneamente alguns a pensar que ele [Adão] teria sido o único do sexo masculino vivo em seu tempo, embora ele tenha convivido com muitos outros homens [masculino] ao seu redor." Essa citação vem do artigo *Y-Chromosomal Adam*, encontrado na Wikipedia versão inglesa. É intessante que a única evidência científica que todos temos é que todos viemos de um único homem. Os estudos de posicionamento evolucionistas também mostram isso.⁷

Uma Capacidade Intelectual Privilegiada

Muitos cristãos acreditam que Adão teria sido um tipo de "homem das cavernas".

Isso é um exemplo da influência evolucionista sobre a mente dos cristãos.

Adão foi o primeiro ser humano. Não houve um ser humano, nascido de pai e mãe, tão perfeito quanto Adão.⁸

Ele era perfeito fisicamente, moralmente, intelectualmente e espiritualmente.

Examinemos a parte intelectual de Adão.

Duas partes da narrativa do capítulo dois mostram a grandeza da intelectualidade de Adão.

A primeira encontra-se nos versos 16 e 17: "E o Senhor Deus ordenou ao homem: 'Coma livremente de qualquer árvore do jardim, mas não coma da árvore do conhecimento do bem e do mal, porque no dia em que dela comer, certamente você morrerá'."

Adão foi criado com uma capacidade intelectual de comunicação perfeita.

Deus dá uma ordem específica para Adão e ele a compreende. Ele repassou essa ordem para Eva, pois quando Deus lhe ordenou que não comesse da árvore do conhecimento do bem e do mal, Eva não havia sido ainda criada.

Um outro ponto importante desse relato é que Deus acabara

---

7 Takahata, N (January 1993). "Allelic genealogy and human evolution". *Mol. Biol. Evol.* 10 (1): 2–22.

8 O Senhor Jesus Cristo quando veio a este mundo e encarnou-se, assumindo a forma de um ser humano como nós, teve um nascimento miraculoso. Ele foi gerado por uma virgem sob a atuação do Espírito Santo. Jesus, como homem perfeito, possuía 23 pares de cromossomos de Maria. Os seus outros 23 pares foram produzidos pelo próprio Deus. Observe que o cromossomo X que Jesus possuía veio de Maria, bem como o DNA mitocondrial. O que foi gerado por Deus foi o cromossomo Y.

de criar Adão quando lhe deu essa ordem. E nessa ordem Deus fala da morte como consequência.

Isso ocorreu antes de Adão pecar e Deus amaldiçoar a terra. Adão conhecia exatamente o significado da morte antes mesmo dela ter sido algo experimental.

Essas duas observações mostram que o Senhor Deus criou a Adão com uma grande capacidade intelectual de comunicação. Ele foi dotado por Deus com um vocabulário completo para uma comunicação inteligente capaz de compreender inclusive o próprio Deus.

A segunda encontra-se nos versos 19 e 20:

> Depois que formou da terra todos os animais do campo e todas as aves do céu, o Senhor Deus os trouxe ao homem para ver como este lhes chamaria; e o nome que o homem desse a cada ser vivo, esse seria o seu nome. Assim o homem deu nomes a todos os rebanhos domésticos, às aves do céu e a todos os animais selvagens. Todavia não se encontrou para o homem alguém que o auxiliasse e lhe correspondesse.

Adão deu nome a todos os animais.

Essa tarefa possui um aspecto fundamental: reconhecimento da forma de vida que irá receber um nome específico.

Adão precisou fazer um estudo rápido de cada forma de vida para lhe dar um nome adequado.

Lembre-se de que não era apenas uma questão de dar um nome qualquer, mas dar um nome adequado. Isso pode ser observado no nome que Adão deu nome à sua mulher: "Adão deu à sua mulher o nome de Eva, pois ela seria mãe de toda a humanidade." (Gn 3.20).

Caso você não tenha percebido, estamos falando do sexto dia da criação. Nesse dia Deus criou os animais, criou o homem, trouxe os animais para que Adão desse nome a todos eles e ainda criou Eva.

Todas essas coisas ocorreram num único dia.

Talvez você esteja pensando que isso não poderia ser possível. Afinal o número de animais seria extremamente grande para que Adão pudesse completar essa tarefa.

Observe os detalhes da narrativa bíblica: "Depois que formou da terra todos os animais do campo e todas as aves do céu, o Senhor Deus os trouxe ao homem para ver como este lhes chamaria..." (Gn 2.19)

Adão teria que nomear os animais do campo e as aves do céu. Que animais seriam esses?

O texto nos diz: "Assim o homem deu nomes a todos os rebanhos domésticos, às aves do céu e a todos os animais selvagens..." (Gn 2.20)

Como já vimos, existem outras duas categorias de animais que Adão não precisou dar nomes: os aquáticos e "...os demais seres vivos".

O número de espécies conhecidas hoje que englobam os animais domésticos, os selvagens e as aves é pouco mais que 15.000 (mamíferos e aves).

Já vimos, Deus não precisaria ter criado todas as variações, apenas os tipos básicos de cada grupo.

Por exemplo, existem cerca de 500 tipos diferentes de raças de cães. Como mencionamos anteriormente, Deus não precisaria ter criado todas as 500 raças para que Adão desse nome a cada uma delas.

Além disso, cães, lobos, hienas, raposas, coiotes e chacais vieram de um mesmo ancestral comum. (Ver Apêndice 9).

O mesmo ocorre com os demais grupos de mamíferos e aves.

O número de animais que Adão deu nome foi consideravelmente pequeno. Basta olhar em algumas tabelas de classificação taxonômica.[9]

Embora o número atual de variações seja muito grande, o

---

9 Por exemplo, você poderá encontrar muita informação no site da *University of Michigam Museum of Zoology - Animal Diversity Web*.

número de tipos básicos dos três grupos que Adão deu nome não passaria de 600. Esse número de tipos básicos para mamíferos e aves ainda está muito acima dos valores encontrados nas tabelas de grupos taxonômicos.

Um outro aspecto precisa ainda ser também avaliado: o reconhecimento de padrões visuais.

Quanto tempo você gasta ao olhar para um objeto até saber o que é aquilo que você está olhando? Por exemplo, quanto tempo seria necessário para um pessoa distinguir entre dois tipos de pássaros – um corvo e uma arara – ou dois tipos de mamíferos – um leão e uma ovelha?

Lembre-se de que Adão não estava avaliando pequenas diferenças que são encontradas nas variações existentes hoje, mas grandes diferenças dos tipos básicos.

Se dermos 20 segundos para distinguir, avaliar e nomear cada um dos 600 tipos básicos, Adão necessitaria pouco mais de 3 horas para dar nome a todos eles.

Percebe-se que não há nada de anormal no relato bíblico ao afirmar que Adão teria dado nome aos animais (tipos básicos de mamíferos e aves) em um único dia.

Ainda um outro aspecto relacionado com o reconhecimento das formas de vida foi a capacidade de Adão discernir que nenhuma delas era semelhante a ele mesmo. Ele percebeu que não havia um outro semelhante a ele que pudesse auxiliá-lo.

Por que Adão precisaria de alguém para auxiliá-lo?

Adão sabia diferenciar muito além da forma e das capacidades de cada animal que ele havia dado nome. Ele também sabia como se relacionar com o Criador por meio da linguagem. Ele foi colocado num jardim com água abundante e todo tipo de árvores frutíferas para a sua alimentação.

Podemos dizer que Adão tinha tudo o que precisava para continuar vivo.

Do que ele precisava então? Que tipo de auxílio seria esse que Adão estava procurando e não encontrava?

Sabemos que Deus criou os animais como macho e fêmea:

> Faça entrar na arca um casal de cada um dos seres vivos, macho e fêmea, para conservá-los vivos com você. De cada espécie de ave, de cada espécie de animal grande e de cada espécie de animal pequeno que se move rente ao chão virá um casal a você para que sejam conservados vivos. (Gn 6.19-20)

Adão certamente observou esse fato.
A resposta encontra-se nos versos 23 e 24:

> Disse então o homem: "Esta, sim, é osso dos meus ossos e carne da minha carne! Ela será chamada mulher, porque do homem foi tirada". Por essa razão, o homem deixará pai e mãe e se unirá à sua mulher, e eles se tornarão uma só carne. (Gn 2.23-24)

A expressão usada por Adão demonstra o que estava faltando: "Esta, sim, é osso dos meus ossos e carne da minha carne!..."
Embora todos fossem criados do pó da terra, o homem e os animais, Adão percebeu que não era igual aos animais. A diferença não era apenas anatômica e morfológica. Ia muito além.
Não havia ninguém que fosse como ele era. Ele era único!
Ele precisava de alguém para se relacionar, que fosse compatível e abrangente em todos os níveis da sua existência como ser humano.
Poucos de nós hoje em dia saberia identificar com tamanha precisão qual seria a nossa principal necessidade. Provavelmente, muitos de nós nem saberíamos que temos uma necessidade que ainda não foi suprida. E se a descobríssemos, talvez procurássemos por uma solução paliativa ou errada.
Esse não foi o caso de Adão.
Ele identificou corretamente a sua necessidade.

Uma Capacidade Moral Privilegiada

Observamos no verso 25 que: "O homem e sua mulher viviam nus, e não sentiam vergonha."

Obviamente não existia pecado nesse contexto. Daí muitos dizerem que seria normal para os seres humanos, numa condição como essa, não sentirem vergonha.

Mas o texto vai um pouco além. Ele nos informa que Adão e Eva não tinham absolutamente nada de que se envergonhar. Adão ao olhar para Eva não faria que ela se sentisse constrangida ou envergonhada. Eva ao olhar para Adão não o faria sentir-se constrangido ou envergonhado.

A vergonha está ligada ao pudor, à timidez, ao embaraço, ao acanhamento, ao receio de ser desonrado.

Adão e Eva eram moralmente corretos a ponto de não serem e nem causarem vergonha para o outro.

A Origem das Variações nos Seres Humanos

Todos viemos de uma única e mesma mulher como também de um único e mesmo homem.

Encontramos, no entanto, uma grande variedade de características diferentes nos seres humanos. Alguns grupos diferenciam-se dos demais pela cor da pele, outros por algum formato específico da estrutura óssea, já outros por alguma característica facial.

Para muitas pessoas essas variações encontradas nos seres humanos não poderiam ser compatíveis com o relato bíblico, pois, se viemos todos de um único casal, como poderiam existir tais diferenças?

Não existe nenhuma dificuldade científica para explicarmos essa possibilidade.

Retornemos primeiramente ao conceito de tipo básico. Você se lembra de que o Senhor Deus não precisaria criar todas as raças de cães, por exemplo. Ele precisaria criar apenas um casal que possuísse material genético suficiente para produzir descendentes com variações, como as que encontramos hoje nas muitas raças.

Esse conceito conhecido pela ciência moderna é chamado de reserva genética.

Existem vários exemplos na natureza de reservas genéticas. O mais conhecido é o da metamorfose da borboleta. Sua vida consiste de quatro ciclos distintos: ovo, larva (também chamada de lagarta ou taturana), pupa (que se desenvolve dentro da crisálida ou casulo) e imago (também chamada de fase adulta).

Dentro de um pequeno ovo com menos de um milímetro de diâmetro está guardada toda a informação genética das quatro fases pelas quais o organismo irá passar.

A fase mais impressionante é a terceira, chamada de pupa. Nela, um organismo vivo na forma de uma lagarta praticamente se desfaz dentro de um casulo para emergir um organismo com características totalmente diferentes, como borboleta.

Como taturana, esse organismo possui algumas características muito peculiares, como três pares de patas na região torácica e seis pares na região abdominal.

Quando ele emerge do casulo como borboleta, possui apenas seis pares de patas e quatro asas.

Como a longevidade das borboletas não é muito grande, no máximo um ano, a transformação de taturana para borboleta ocorre rapidamente, geralmente em duas semanas.

Lembre-se de que tudo isso só é possível se houver informação genética suficiente (reserva genética) para que cada fase de desenvolvimento e transformação possa ocorrer.

Outros organismos apresentam expressões da reserva genética que eles possuem nas variações da cor da plumagem, no formato dos bicos, no tamanho das patas, no tamanho do corpo, e até mesmo na coloração da pele.

Tratemos, portanto, desse último tipo, a variação da cor da pele nos seres humanos.

Primeiramente, vejamos as possíveis variações da cor da pele humana.

Existem algumas escalas de classificação das diferentes cores de pele. Uma delas foi proposta pelo Dr. Thomas Fitzpatrick, em 1975. Ela baseia-se principalmente na tolerância à luz solar. Nela existem seis tipos específicos. Observe as características das cores dos cabelos e dos olhos associados às várias cores de pele:

Tipo - Cor da Pele	Cor dos Cabelos – Cor dos Olhos
I - Muito Clara (Celta)	Ruivo, Castanho e Loiro – Azul, Verde e Cinza
II - Clara (Europeu Claro)	Claros ou Escuros – Azul, Verde, Castanho, Cinza e Âmbar
III - Clara Média (Europeu Caucasiano)	Castanho - Azul, Verde, Castanho e Âmbar
IV - Escura Média (Mediterrâneo)	Castanho Escuro ou Preto – Azul, Verde, Castanho ou Preto
V - Escura (Marrom ou Parda)	Preto – Castanho ou Preto
VI - Negra (Africano)	Preto - Preto

Quando estudamos a cor da pele, estamos estudando variações que ocorrem nos seres humanos.

Sabemos que essas variações estão associadas à recombinação do material genético.

Por exemplo, quando um casal gera um descendente (filho ou filha), esse descendente nasce com uma parte do material genético do pai e a outra parte do material genético da mãe – temos 46 pares de cromossomos: 23 vieram do pai e 23 da mãe. É por isso que vemos em nós algumas características dos nossos pais, como o formato dos olhos, ou algumas características da face, ou o formato dos pés, etc.

Estudando as possibilidades de recombinações, podemos dizer qual seria a porcentagem de um filho ou filha nascer com olhos verdes ou castanhos, cabelos ruivos ou loiros, e assim por diante.

Para facilitar esse tipo de estudo de recombinação do material genético, usamos letras para mostrar as possíveis combinações. Alguns exemplos de letras usadas são Aa, ou Xx, ou ainda Mm.

A cor da pele, que também é resultante da recombinação do material genético do pai com o material genético da mãe, é representada por duas letras "m".

Assim, para conhecermos as possíveis variações das cores da pele, precisamos conhecer as possíveis combinações do material genético.

Para facilitar a compreensão, vamos começar usando apenas duas letras "m" para cada um dos pais.

Pai	Mãe
Mm	Mm

Possíveis Combinações:

Tomando o M do pai e o M da mãe temos: MM
Tomando o M do pai e o m da mãe temos: Mm
Tomando o m do pai e o M da mãe temos: mM
Tomando o m do pai e o m da mãe temos: mm

Observe que não há diferença entre Mm e mM.

Portanto, teríamos, por meio dessas combinações, a representação de três possibilidades distintas de cores de pele: MM, Mm ou mM e mm.

A cor negra é exemplificada pela combinação das letras MM e a cor branca pela combinação mm.

Apliquemos essa informação para determinarmos a origem das possibilidades de cores encontradas nos seres humanos.

Imagine um casal negro. O pai possui a combinação MM e a mãe MM. Os descendentes nasceriam com uma das duas letras do pai, MM, e com uma das duas letras da mãe, MM.

Sendo que tanto o pai quanto a mãe somente possuem MM, todos seus descendentes seriam MM, em outras palavras, negros.

Portanto, Adão e Eva não poderiam ter sido negros. Se tivessem sido, toda a humanidade seria composta apenas de negros, sem nenhuma outra possibilidade.

Imagine agora um casal branco. O pai possui a combinação mm e a mãe mm. Os descendentes nasceriam com uma das duas letras do pai, mm, e com uma das duas letras da mãe, mm.

Sendo que, tanto o pai como a mãe, possuem somente mm, todos seus descendentes seriam mm, em outras palavras, brancos.

Portanto, Adão e Eva também não poderiam ter sido brancos. Se tivessem sido, toda a humanidade seria composta apenas de brancos, sem nenhuma outra possibilidade.

Qual teria sido a cor da pele deles?

Primeiramente, nos exemplos dados acima, foram usadas apenas duas letras para representar as combinações.

Vamos usar o número proposto pelo Dr. Fitzpatrick para encontrarmos a cor da pele de Adão e Eva.

Nessa classificação encontramos seis variações.

Portanto, o número de letras necessárias para termos todas essas opções são:

Pai:	MMMmmm
Mãe:	MMMmmm

A tabela abaixo mostra as possíveis combinações:

Pai	Mãe
MMMmmm	MMMmmm

Possíveis Combinações:
MMM+MMM
MMM+MMm
MMM+Mmm
MMM+mmm
MMm+mmm
Mmm+mmm
mmm+mmm

Observe que a combinação MMM+mmm é a mesma que a dos pais. (Ver Apêndice 13)

Portanto, se usarmos como referência as diferentes cores de pele proposta pelo Dr. Fitzpatrick, a relação seria assim:

Tipo I	muito clara	mmm+mmm
Tipo II	clara	Mmm+mmm
Tipo III	clara média	MMm+mmm
Tipo IV	escura média	MMM+Mmm
Tipo V	escura	MMM+MMm
Tipo VI	negra	MMM+MMM

Você percebeu que está faltando uma combinação, que fica entre o tipo III e o tipo IV, que seria MMM+mmm, ou seja, a combinação que representaria a cor da pele do casal original, do qual todas as demais variações teriam surgido. Que cor seria essa?

É a cor da pele indígena, como a dos pataxós brasileiros.

Essa cor específica da pele praticamente não sofre alteração quando exposta ao Sol. Ela tem a cor do "bronzeado" natural, suavemente avermelhado.

Precisamos agora fazer uma conexão importante, que não é tão aparente, mas é real.

A Bíblia nos diz que Adão, אָדָם ('adam), foi formado do pó da terra – literalmente, do pó do solo, אֲדָמָה ('adamah). As duas palavras 'adam e 'adamah vem da mesma palavra hebraica que já vimos: אָדֵם ('adem), cujo significado é avermelhado.

Não é difícil perceber que Adão teria a mesma cor do solo do qual ele foi formado. (Ver Apêndice 14)

Que cor seria essa?

O solo é composto basicamente por argila, limo (ou silte) e areia, sua cor depende muito do tipo e da quantidade dos elementos e compostos químicos encontrados nesses três materiais.

Um tipo de camada muito comum encontrado no sub-solo das massas continentais é o saprolito. Nos afloramentos sua cor avermelhada é bem evidente, devido os compostos ferrosos – hematita, Fe_2O_3.[10, 11]

Esse tipo de solo possui todas as pequenas variações de cores encontradas na pele que teria tido o formato MMMmmm, ou seja, a cor da pele de Adão e Eva.

Baseado na genética que conhecemos hoje, somente um casal que tivesse a cor do solo poderia ter produzido descendentes com todas as variações de tonalidades de peles encontradas hoje. (Ver Apêndice 15)

Esses estudos dos detalhes apresentados no relato bíblico da criação do ser humano revelam não somente aspectos fundamentais da nossa origem como também responde a perguntas sobre os aspectos intrigantes da variedade que encontramos

---

10 Vernon J. Hurst, Visual Estimation of Iron in Saprolite, *Geological Society of America Bulletin*; February 1977; v. 88; no. 2; p. 174-176.

11 A hemoglobina encontrada em células vermelhas é rica em ferro, sendo ela a responsável pelo transporte de oxigênio no sangue.

hoje, entre nós mesmos.

Diante disso, somos levados a dizer como o salmista: "Como são preciosos para mim os teus pensamentos, ó Deus! Como é grande a soma deles! Se eu os contasse seriam mais do que os grãos de areia..." (Sl 139.17-18a)

Vivendo Pela Fé

Como foi visto, a interpretação literal dos capítulos iniciais de Gênesis não apresenta nenhuma dificuldade científica. Obviamente, ela não é compatível com a proposta evolutiva. Mas a proposta evolutiva é apenas uma proposta, colocada em forma de teoria e longe de ser um fato inabalável da Ciência.

Por meio dos estudos científicos, baseados nas leis da natureza e nos processos naturais, pode-se demonstrar que tanto o universo quanto a vida teriam sido criados. Pois, pelos processos naturais e pelas leis da natureza conhecidos, tanto o universo quanto a vida jamais teriam vindo a existência espontaneamente.

Isso é um fato científico que pode ser demonstrado em qualquer laboratório por qualquer cientista, sendo ele de posicionamento evolucionista ou criacionista.

Bilhões de anos e pequenas variações certamente não teriam produzido nem o universo, nem a vida, porque tempo, milhões ou bilhões de anos, não é um processo natural: processos naturais ocorrem no tempo; e pequenas variações são resultantes de processos naturais: elas mesmas não são processos naturais. Assim, podemos afirmar que tanto o universo quanto a vida foram criados.

Pela evidência científica espalhada ao nosso redor, essa deveria ser a proposta mais rasoável a ser aceita, e não aquela que diz que toda essa complexidade existente no universo e na vida teria vindo a existência aleatoriamente. Mesmo com toda essa evidência e com toda a tecnologia que dispomos atualmente, seria impossível demonstrar cientificamente que todas as coisas foram criadas por Deus exatamente como a Bíblia nos diz.

Isso somente pode ser aceito pela fé! Contudo, como foi visto até aqui, tal fé não estaria baseada em fatos contrários as descobertas científicas. Ainda aqui encontramos mais uma amostra da grandeza do ser do Deus que se revela nas Sagradas Escrituras e do Seu caráter perfeito e tão admirável.

O que Deus requer de todo ser humano está perfeitamente dentro das condições que todos temos: ter fé, acreditar. Todos nós acreditamos em alguma coisa. Até na nossa idade, como já vimos!

O próprio Adão, o primeiro ser humano criado por Deus também precisou fazer uso da fé. Note que Adão não esteve presente, nem viu nenhum dos atos criadores de Deus. Quando Adão foi criado, todas as coisas já haviam sido criadas. Adão não presenciou nem mesmo a criação de Eva, pois Deus fez cair sobre ele pesado sono e ele adormeceu. Adão apenas viu Eva já criada.

Adão, como eu e você, teve de crer que aquele Deus que estava ali, com ele, havia trazido à existência todas as coisas!

CONCLUSÃO

Uma Cosmovisão Correta

Pudemos ver até aqui que o relato de Gênesis nos permite saber de onde viemos e quem somos nós.

Contrário à proposta científica evolucionista, o conhecimento sobre a nossa origem, revelado nas Escrituras Sagradas, é autêntico e verdadeiro.

Contudo, o relato bíblico não nos informa somente sobre a nossa origem. Ele também nos informa sobre a razão de estarmos aqui.

Fomos Criados para um Propósito

Gênesis 1 e 2 descrevem e exemplificam com grande precisão a função do ser humano.

Além de refletirmos a pessoa de Deus através da imagem e semelhança que ele nos deu, devemos também refletir a sua pessoa cumprindo o seu mandato: "Deus os abençoou, e lhes disse: 'Sejam férteis e multipliquem-se! Encham e subjuguem a terra! Dominem sobre os peixes do mar, sobre as aves do céu e sobre todos os animais que se movem pela terra'." (Gn 1.28)

Observe que a bênção de Deus para os seres humanos foi: (1) serem fecundos, multiplicando-se e enchendo a terra, (2) subjugar a terra e (3) dominar sobre as demais formas de vida. Fomos abençoados por Deus com essas três funções específicas.

Podemos observar claramente que o significado de ser "abençoado por Deus", revelado nessas linhas de Gênesis 1, é muito diferente do ser "abençoado por Deus" pregado no evangelicalismo atual.

Abençoado por Deus em Gênesis está relacionado com o

verbo *SER*. Abençoado por Deus no cenário evangélico atual está relacionado ao verbo *TER*.

Por essa razão vemos a dificuldade da compreensão dessa proposta de Deus.

Nela está inserida a cosmovisão de Deus para o ser humano com respeito ao mundo que ele criou.

Sendo Fecundos, Multiplicando-se e Enchendo a Terra

O alvo de Deus para o ser humano foi que ele pudesse ter filhos e filhas até que o planeta Terra estivesse cheio de seres humanos. Foi por essa razão que Deus criou a porção seca da terra: para ser habitada pelo homem. E seriam necessários muitos seres humanos para habitar em toda a extensão dessa porção seca.

Mas existe uma razão para povoar a terra.

Subjugando a terra

A palavra hebraica traduzida por subjugar é כָּבַשׁ (*kabash*) e o seu significado pode ser compreendido através do texto de Jeremias 34.11, "Mas depois se arrependeram, e fizeram voltar os servos e as servas que haviam libertado, e os sujeitaram (*kabash*) por servos e por servas." (JFARC).

Da mesma forma que aquelas pessoas, que foram mencionadas por Jeremias, foram subjugadas para servir, assim também o ser humano deveria subjugar a terra para servi-lo.

Mas o que isso significa de forma prática?

Gênesis 2.5-9 nos oferece a resposta:

> Ainda não tinha brotado nenhum arbusto no campo, e nenhuma planta havia germinado, porque o Senhor Deus ainda não tinha feito chover sobre a terra, e também não havia homem para cultivar o solo. Todavia brotava água da terra e irrigava toda a superfície do solo. Então o Senhor Deus formou o homem do pó da terra e soprou em suas

> narinas o fôlego de vida, e o homem se tornou um ser vivente. Ora, o Senhor Deus tinha plantado um jardim no Éden, para os lados do leste; e ali colocou o homem que formara. Então o Senhor Deus fez nascer do solo todo tipo de árvores agradáveis aos olhos e boas para alimento. E no meio do jardim estavam a árvore da vida e a árvore do conhecimento do bem e do mal.

Você deve se lembrar de que já estudamos anteriormente as plantas que foram criadas no terceiro dia e as plantas que foram criadas no sexto dia.

Queremos focar agora na maneira como os seres humanos deveriam subjugar a terra.

Deus, antes de criar o ser humano, plantou um jardim no Éden. Foi nesse jardim que o Senhor Deus colocou o homem para dele cuidar.

Observe que não foi Adão quem plantou o primeiro jardim: foi Deus! Ao criar o jardim, Deus deu o padrão de como a terra deveria ser: um jardim.

Deus não criou uma selva. Ele criou um jardim.

Deus não criou desertos. Ele criou um jardim.

Deus não criou a terra como se fosse um terreno baldio. Ele criou um jardim.

A terra normalmente iria produzir plantas, mas o ser humano deveria subjugá-la e torná-la num grande jardim baseado no modelo que Deus havia criado.

Podemos perceber que tipo de jardim Deus criou ao compararmos as duas palavras hebraicas usadas para jardim: גַּן (gan) e גִּנָּה (ginnah).

גַּן (gan) é um jardim cercado.

גִּנָּה (ginnah) é um jardim sem cerca, aberto.

A palavra usada para descrever o jardim no Éden foi גַּן (gan). O jardim no Éden era um jardim cercado.

A superfície da terra deveria ter sido transformada nesse

tipo de jardim cercado por meio da ação humana de subjugá-la. Mas não se tornou.

Pelo contrário, encontramos selvas, desertos e áreas que parecem grandes terrenos baldios. Podemos observar o quanto a raça humana fracassou no mandamento de Deus de subjugar a terra. E assim, nós abrimos mão da bênção que isso seria para toda a raça humana.

Como exemplo do que estamos falando, você poderá encontrar na internet alguns exemplos de jardins criados pelos seres humanos.[1]

Lembre-se de que não estamos falando de jardins contendo somente flores.

O jardim que Deus plantou estava repleto de árvores agradáveis aos olhos e boas para alimento (frutíferas).

Observe novamente o padrão de Deus: agradáveis aos olhos e boas para alimento.

O jardim não deveria ter apenas aspectos funcionais: árvores boas para alimento. Ele deveria ter também um aspecto estético: agradáveis aos olhos.

Funcionalidade e beleza deveriam ser os padrões de subjugar a terra.[2]

Dominando as Demais Criaturas

Deus criou o ser humano para dominar as demais criaturas. O texto bíblico é bem claro.

A palavra hebraica רָדָה (*radah*) significa dominar no sentido de governar. Essa palavra é usada em Jeremias: "Os profetas

---

[1] Alguns jardins na internet (os nomes foram mantidos em inglês para facilitar a busca): Mughal Garden (Índia); Renaissance Garden em Pieskowa Skala (Polônia); Kaiyu-Shiki (Japão); Butchart Gardens, Victoria (Canadá); Italian Garden, Villa Garzoni (Itália); Castelo Branco (Portugal). Você poderá encontrar ainda os diferentes tipos de jardim que existem no site: http://pt.wikipedia.org/wiki/Jardim ou http://en.wikipedia.org/wiki/Garden

[2] Percebemos esses aspectos sendo mais e mais procurados pela sociedade moderna através da arquitetura

profetizam mentiras, os sacerdotes governam (*radah*) por sua própria autoridade, e o meu povo gosta dessas coisas. Mas o que vocês farão quando tudo isso chegar ao fim?" (Jr 5.31)

Embora Deus tenha dado ao homem domínio sobre todas as criaturas ("Dominem sobre os peixes do mar, sobre as aves do céu e sobre todos os animais que se movem pela terra." - Gn 1.28b, ver também Sl 8.6-8), alguns tipos de animais seriam dominados de maneiras e formas diferentes.

Alguns animais que o Senhor Deus criou, seriam para auxiliar o ser humano nas suas muitas atividades, como por exemplo, o transporte. Esses foram chamados de domésticos em Gênesis 1.25. Sobre eles o ser humano exerceria o seu domínio através da domesticação, por serem eles domesticáveis.

Um outro tipo criado pelo Senhor Deus não seria domesticável. Esses foram chamados de selvagens também em Gênesis 1.25. Sobre esses animais os seres humanos exerceriam um outro tipo de domínio, diferente do processo de domesticação.

É necessário fazermos aqui algumas considerações sobre os animais selvagens.

Primeiramente, todos os animais criados eram herbívoros, mesmo os selvagens: "'E dou todos os vegetais como alimento a tudo o que tem em si fôlego de vida: a todos os grandes animais da terra, a todas as aves do céu e a todas as criaturas que se movem rente ao chão'. E assim foi." (Gn 1.30)

No caso da alimentação, todas as formas de vida necessitam obter os nutrientes necessários de alguma fonte para a sua existência.

Os chamados animais carnívoros obtêm os nutrientes que necessitam para viver tanto da carne de outros animais, como também de plantas. A ciência atual os divide em três grupos principais, dependendo da dieta alimentar de carne ingerida: hipercarnívoros (acima de 70%), mesocarnívoros (de 50% a 70%) e hipocarnívoros (menos que 30%).

Quando existe uma escassez de caça, muitos carnívoros se

alimentam de plantas e frutas para repor a perda de nutrientes.

No início, seres humanos e animais necessitavam apenas das plantas para a sua existência.

Isto é perfeitamente compatível com os textos bíblicos que afirmam que na restauração futura, os animais classificados como carnívoros voltarão a ser herbívoros.

"'O lobo e o cordeiro comerão juntos, e o leão comerá feno, como o boi, mas o pó será a comida da serpente. Não farão nem mal nem destruição em todo o meu santo monte', diz o Senhor." (Is 65.25)

"O lobo viverá com o cordeiro, o leopardo se deitará com o bode, o bezerro, o leão e o novilho gordo pastarão juntos; e uma criança os guiará." (Is 11.6)

Esses textos falam da nova ordem que Deus irá estabelecer no futuro. A Bíblia claramente nos informa em Romanos 8.19-22 que essa nova ordem será resultante de um processo de *restauração* de todas as coisas.

Entendemos que esse processo de restauração significa fazer novas todas as coisas e não fazer diferentes todas as coisas.[3]

Em segundo lugar, não havia temor por parte dos animais em relação ao ser humano.

Em Gênesis 9.2-3 lemos:

> Todos os animais da terra tremerão de medo diante de vocês: os animais selvagens, as aves do céu, as criaturas que se movem rente ao chão e os peixes do mar; eles estão entregues em suas mãos. Tudo o que vive e se move servirá de alimento para vocês. Assim como lhes dei os vegetais, agora lhes dou todas as coisas.

---

[3] Embora o Senhor Deus irá criar novos céus e nova terra (Ap 21.1; Is 65.17; 66.22), a razão certamente não é que os primeiros não eram bons, ou que os próximos serão melhores. A diferença não estará nas coisas que serão criadas, mas na impossibilidade de serem novamente corrompidas pelo pecado. A criação original era boa e perfeita sob todos os aspectos. Ela passou pela aprovação do Senhor Deus: "E Deus viu tudo o que havia feito, e tudo havia ficado muito bom". (Gn 1.31)

O relacionamento entre seres humanos e todos os animais, antes do dilúvio, era diferente daquele que vemos hoje. Não havia temor entre as partes.

O medo geralmente se manifesta nos animais de forma agressiva, com a finalidade de preservar a integridade física. Todas as vezes que um animal se sente ameaçado, ele reage instintivamente, atacando.

Antes do dilúvio, os animais não se sentiam ameaçados pelos seres humanos.

Hoje os animais nos temem. Por isso nos atacam. E nós, em contrapartida, nos defendemos atacando.

Precisamos então entender como o ser humano deveria dominar sobre esses animais.

O decreto dado por Deus para que o ser humano dominasse os animais selvagens, não foi dado porque esses animais eram carnívoros ou ferozes.

O domínio sobre eles não seria deixá-los segregados em algum lugar para que os seres humanos pudessem sentir-se seguros.

Esse domínio seria exercido controlando a quantidade existente desses animais. Deuteronômio 7.22 nos dá um exemplo desse tipo de domínio: "O Senhor, o seu Deus, expulsará, aos poucos, essas nações de diante de vocês. Vocês não poderão eliminá-las de uma só vez, se não os animais selvagens se multiplicarão, ameaçando-os."

Dessa forma todos os tipos de animais seriam dominados pelos seres humanos.

Observemos que estaria nas mãos do homem a preservação de todas as espécies criadas por Deus. E caberia a ele não permitir que nenhuma delas se tornasse extinta.

Criados para Reinar

Deus, como soberano Senhor da Sua criação, tem domínio

completo, perfeito e absoluto sobre ela, desde as pequenas moléculas ou pequenos processos que existem no nosso corpo até os átomos e processos existentes nas galáxias mais distantes.

Tudo está sob o seu controle.

No evangelho de Mateus lemos: "Não se vendem dois pardais por uma moedinha? Contudo, nenhum deles cai no chão sem o consentimento do Pai de vocês. Até os cabelos da cabeça de vocês estão todos contados." (Mt 10.29-30)

Deus governa o mundo que criou com grande maestria e poder.

Deus nos criou para que fôssemos uma imagem dele também nessa área.

Isso é evidente não somente em Gênesis 1 e 2, mas em toda a Bíblia.

O salmista escreveu:

> Tu o fizeste um pouco menor do que os seres celestiais e o coroaste de glória e de honra. Tu o fizeste dominar sobre as obras das tuas mãos; sob os seus pés tudo puseste: Todos os rebanhos e manadas, e até os animais selvagens, as aves do céu, os peixes do mar e tudo o que percorre as veredas dos mares. (Sl 8.5-8)

Isso ainda será real na totalidade da proposta feita pelo Senhor Deus.

No último livro da Bíblia encontramos as mesmas palavras que foram apresentadas pelo Senhor Deus nos capítulos iniciais de Gênesis: "Tu os constituíste reino e sacerdotes para o nosso Deus, e eles reinarão sobre a terra." (Ap 5.10).

Assim foi no começo da história humana.

Assim também o será no seu final.

APÊNDICES

APÊNDICE 1

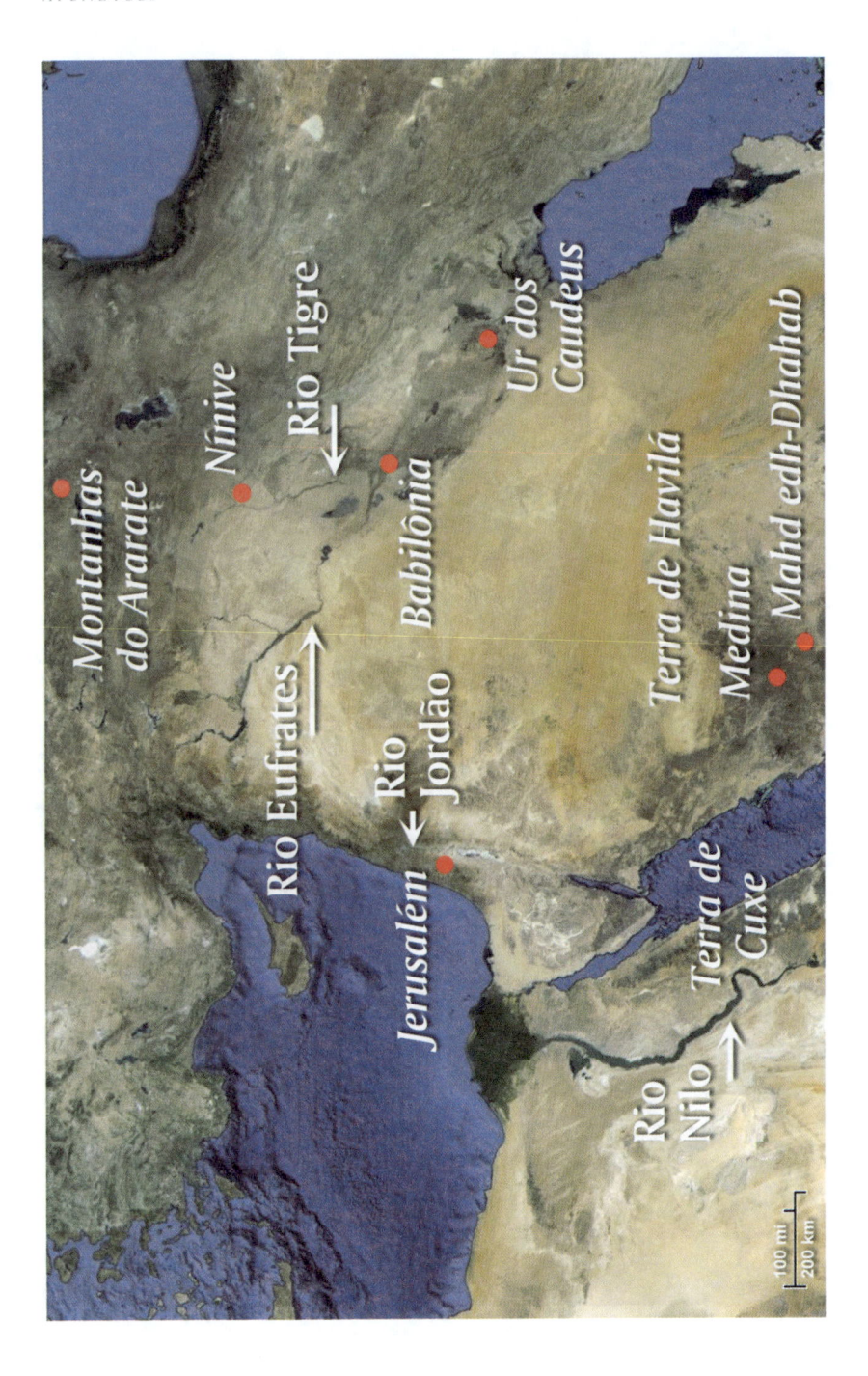

Mapa do Oriente Médio, com alguns lugares bíblicos, históricos e geográficos, relevantes para o relato de Gênesis capítulos 1 e 2.

Estrelas da Grande Nuvem de Magalhães, localizada a 160.000 anos-luz.
Foto: NASA/ESA - Hubble Space Telescope

Galáxia Expiral M51 (NGC 5194), localizada a 23 milhões de anos-luz.
Foto: NASA/ESA - Hubble Space Telescope

Sexto planeta Saturno, localizado a 1,433 bilhões de quilômetros do Sol.
Foto: NASA/JPL - Sonda Espacial Cassini

Asteroid 951 Gaspra. Dimensões: 18,2 x 10,5 x 8,9 km.
Foto: NASA/JPL - Sonda Espacial Galileo

APÊNDICE 6

Um meteoro da chuva de Leonid de meteoros (ocorre anualmente em novembro). Fotografado em Novembro de 2009, na costa oeste dos Estados Unidos.

APÊNDICE 7

Cometa McNaught - o cometa mais brilhante dos últimos 40 anos.
Visível no Hemisfério Sul entre Janeiro e Fevereiro de 2007.

A Lua é o satélite natural do planeta Terra.
Existem 168 luas conhecidas orbitando os oito planetas do sistema solar.

APÊNDICE 9

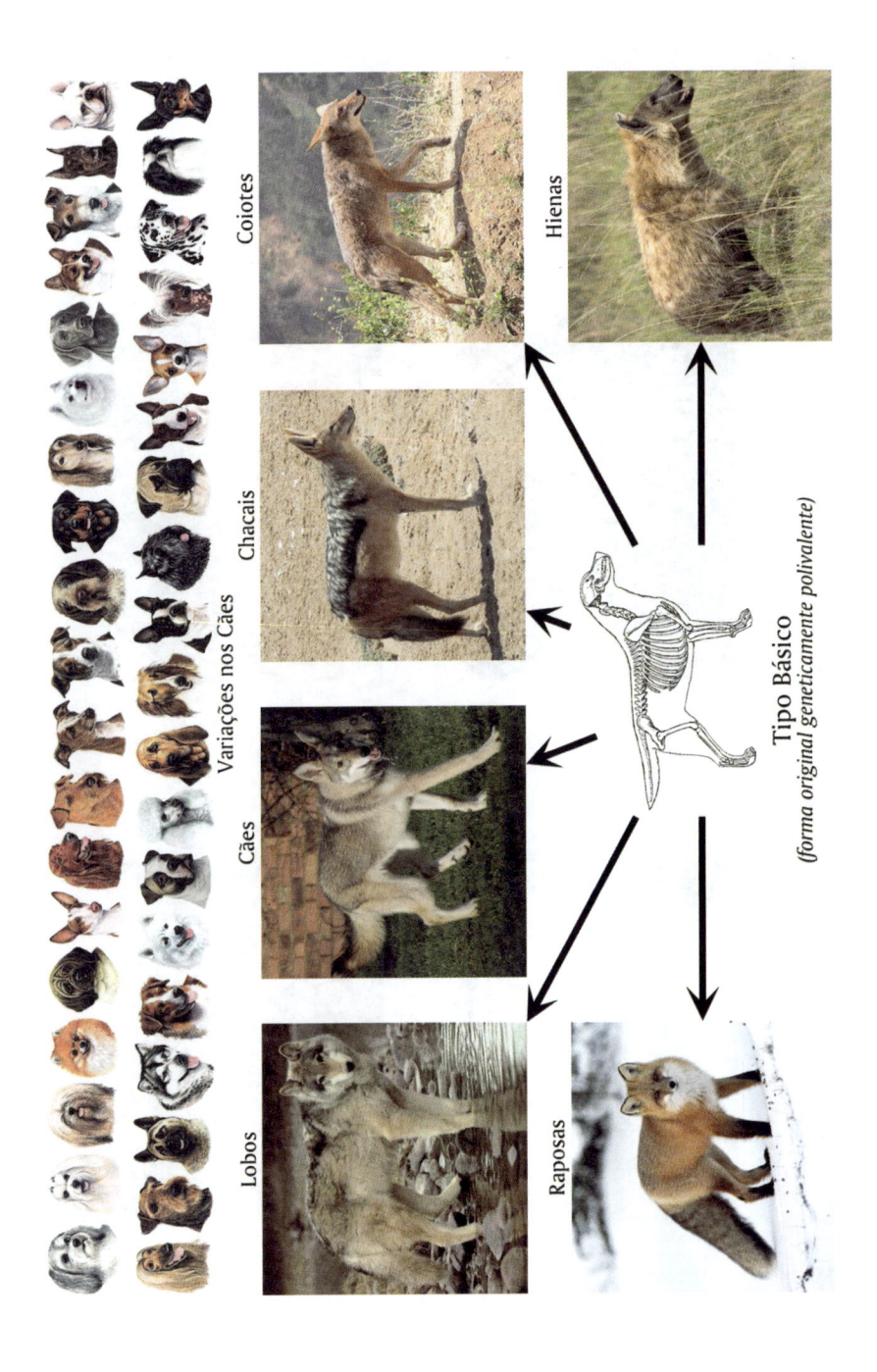

Um tipo básico criado através de variações adaptativas e não adaptativas produziria raposas, lobos, cães, chacais, coiotes e hienas, e suas muitas raças.

APÊNDICE 10

Briófitas
(Musgo)

Espermatófitas
(Tomate Cereja)

Algas
(Algas Verdes)

Pteridófitas
(Samambaia)

Alguns tipos exemplificando a diversidade de organismos vivos do *Reino Plantae*: Algas, Briófitas, Pteridófitas e Espermatófitas.

APÊNDICE II

Argentinossauro hiunculensis - descoberto na Argentina por Guillermo Heredia.
Cerca de 37 metros de comprimento e 20 metros de altura.

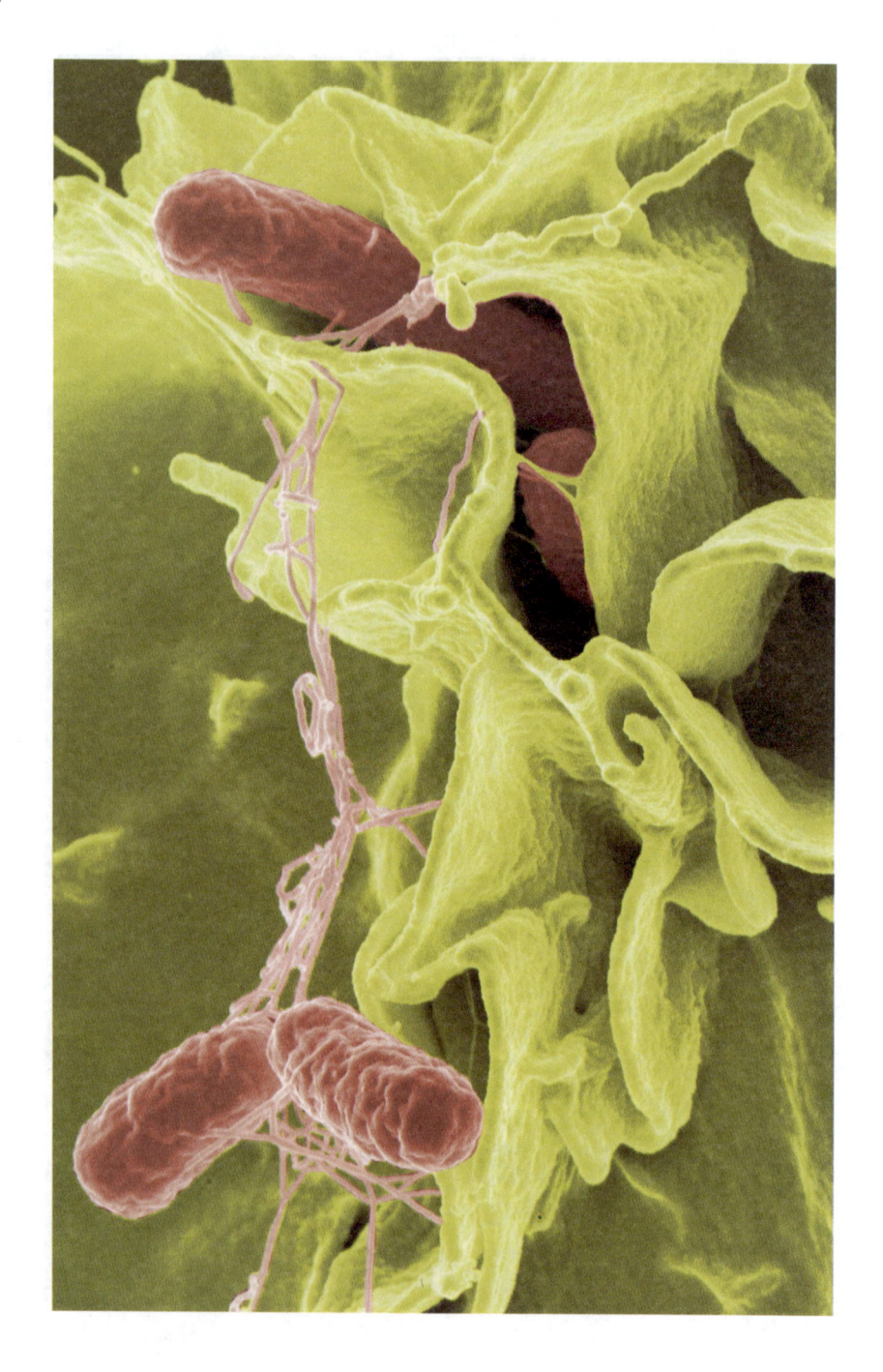

Salmonela typhimurium (em vermelho) invadindo uma cultura de células humanas.
Foto: Rocky Mountain Laboratories, NIAID, NIH

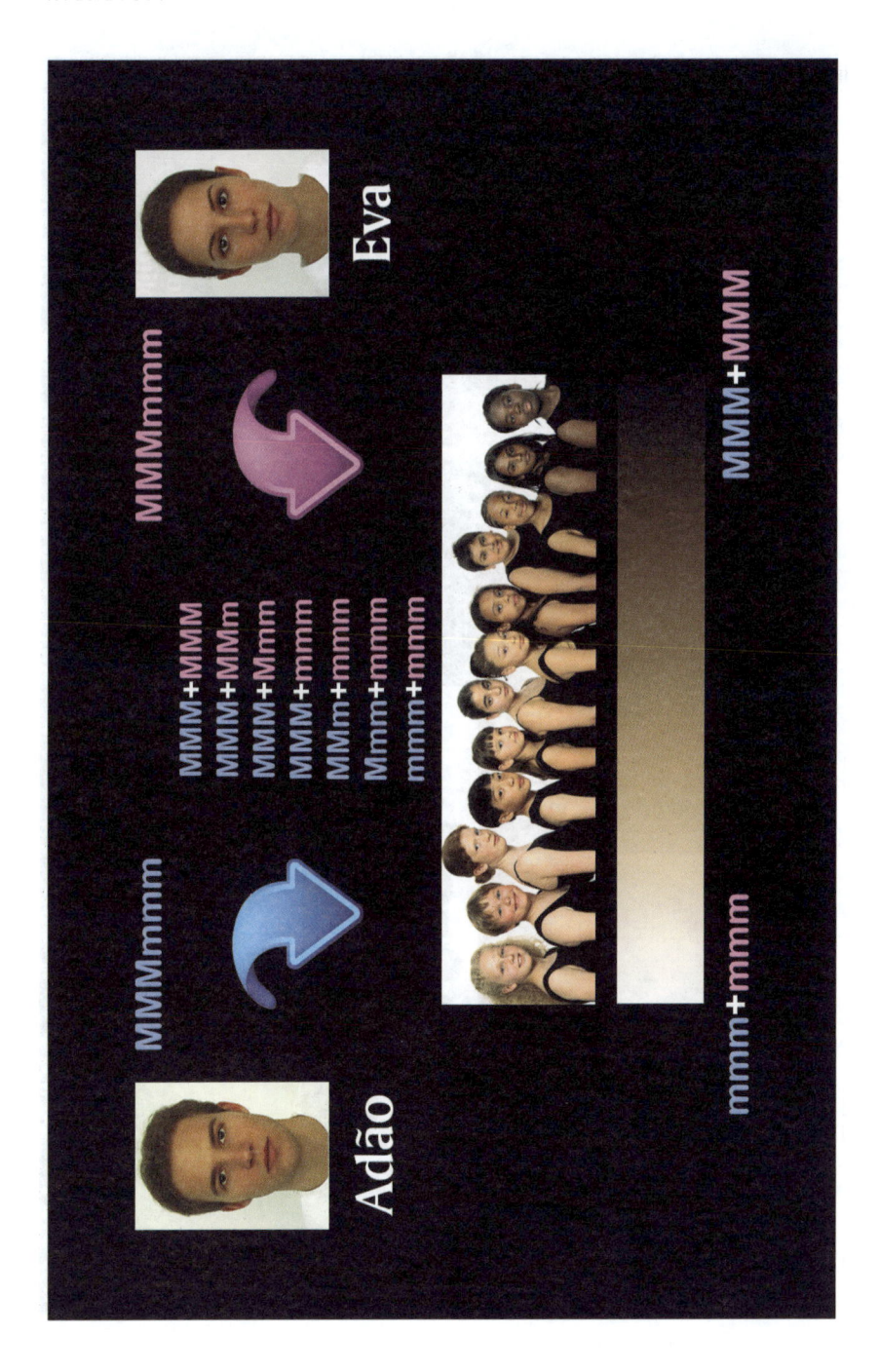

Um casal com o mesmo material genético MMMmmm produziria descendentes com todas as cores de pele entre as combinações mmm+mmm (brancos) e MMM+MMM (negros)

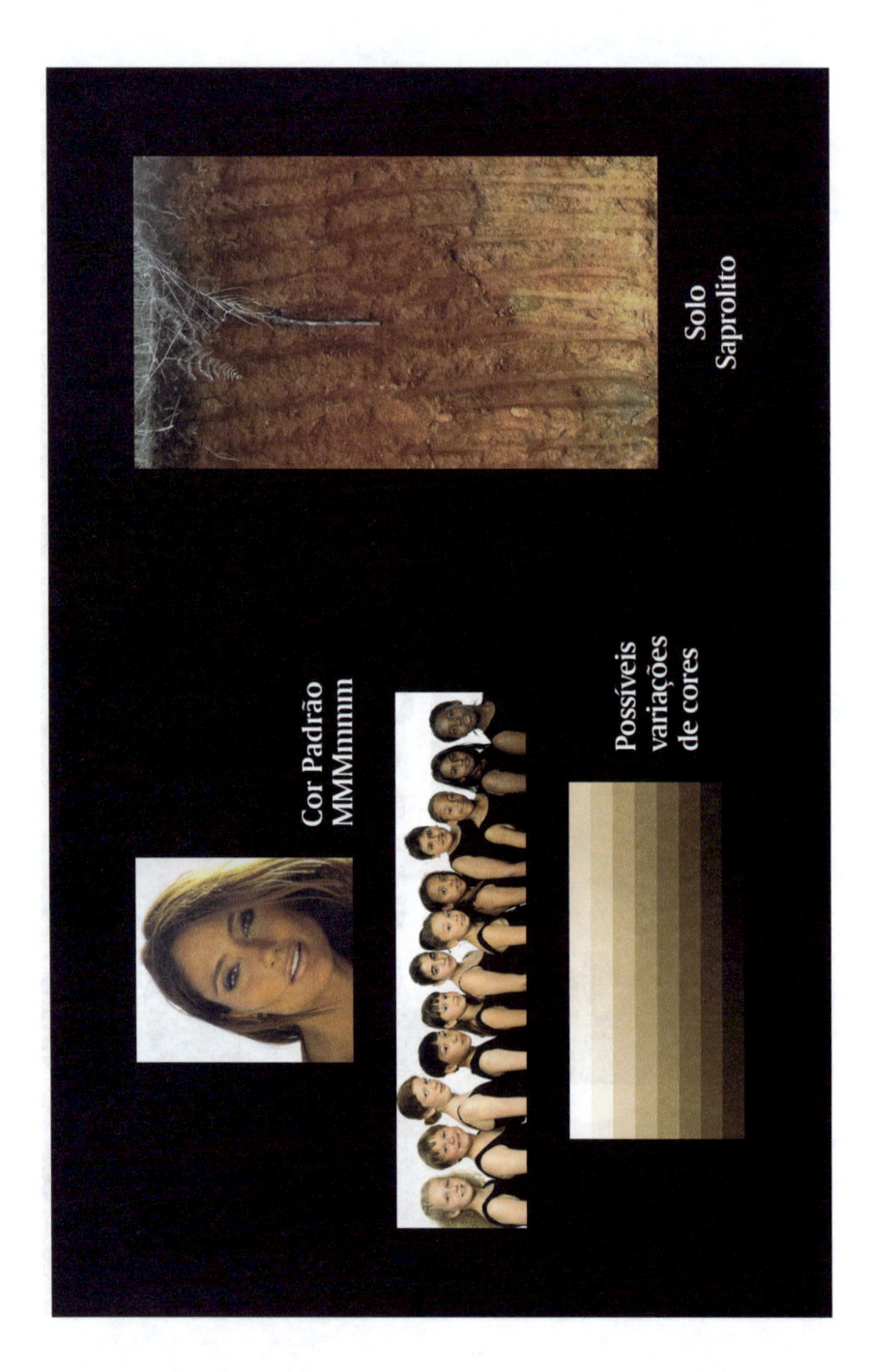

As pequenas variações da cor básica MMMmmm são encontradas na camada de solo conhecida por saprolito. Ela é avermelhada por ser rica em compostos ferrosos.

APÊNDICES

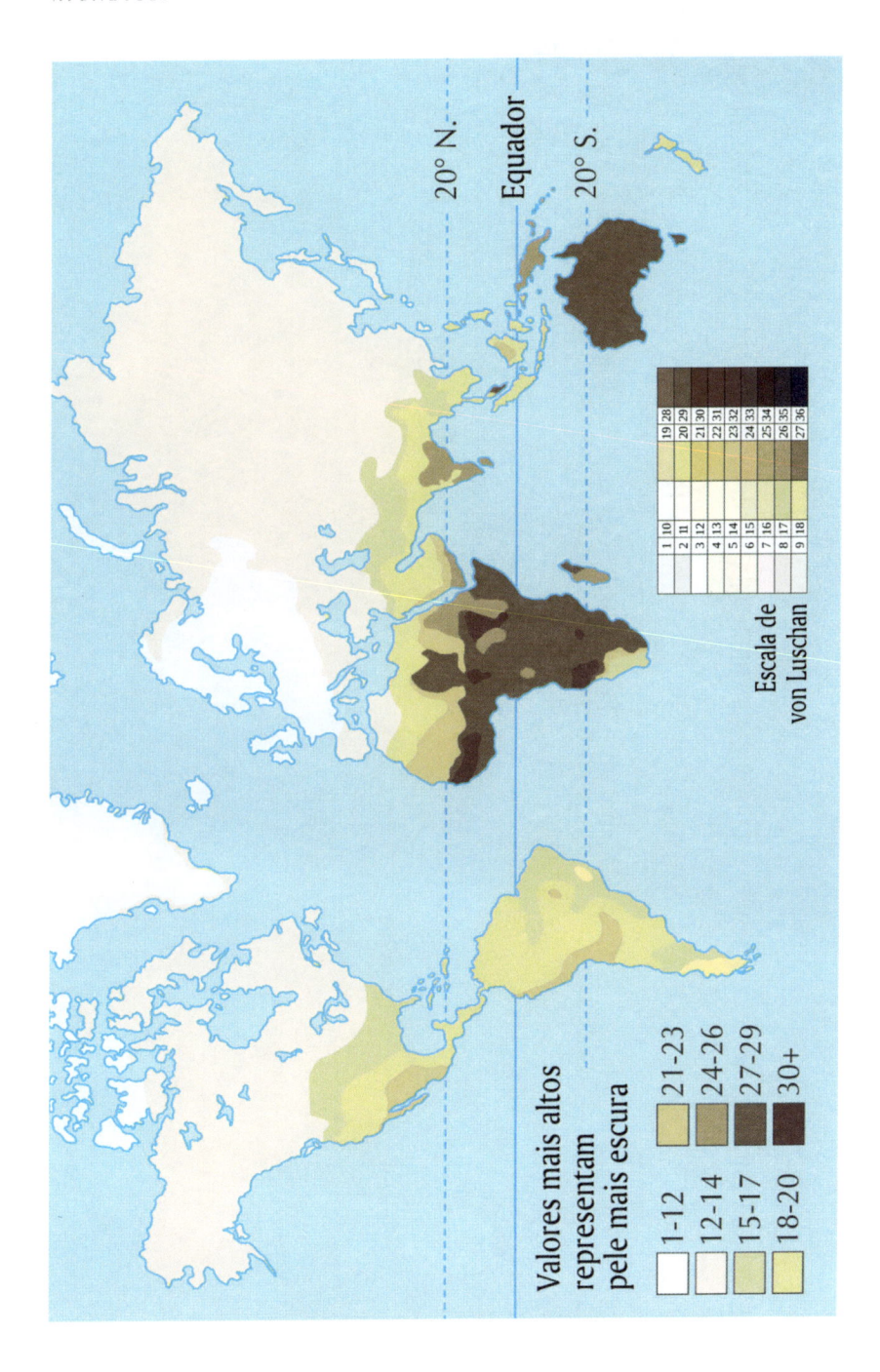

APÊNDICE 15

Distribuição global das oito categorias de cor de pele baseadas na escala desenvolvida por Felix von Luschan (1854-1924).

FIEL
MINISTÉRIO

O Ministério Fiel visa apoiar a igreja de Deus, fornecendo conteúdo fiel às Escrituras através de conferências, cursos teológicos, literatura, ministério Adote um Pastor e conteúdo online gratuito.

Disponibilizamos em nosso site centenas de recursos, como vídeos de pregações e conferências, artigos, e-books, audiolivros, blog e muito mais. Lá também é possível assinar nosso informativo e se tornar parte da comunidade Fiel, recebendo acesso a esses e outros materiais, além de promoções exclusivas.

Visite nosso site
www.ministeriofiel.com.br

Esta obra foi composta em Chaparral Pro Regular 12,0, e impressa
na Promove Artes Gráficas sobre o papel Apergaminhado 70g/m²,
para Editora Fiel, em Setembro de 2024